Das Bilderbuch Gottes

Fabian Vogt

Das Bilderbuch Gottes

Wie die Gleichnisse Jesu uns das Leben vor Augen malen

Mit Illustrationen von Joy Katzmarzik

EVANGELISCHE VERLAGSANSTALT
Leipzig

DEUTSCHE
BIBEL
GESELLSCHAFT

Bibliographische Information der Deutschen Nationalbibliothek
Die Deutsche Nationalbibliothek verzeichnet diese Publikation in der Deutschen Nationalbibliographie; detaillierte bibliographische Daten sind im Internet über http://dnb.de abrufbar.

Printed in EU

Das Buch wurde auf alterungsbeständigem Papier gedruckt.

Gesamtgestaltung: makena plangrafik, Leipzig/Zwenkau
Druck und Binden: GRASPO CZ a.s., Zlín

ISBN 978-3-374-07647-5
eISBN (PDF) 978-3-374-07648-2
www.eva-leipzig.de

ISBN 978-3-438-04848-6
www.die-bibel.de

Inhalt

7 **Vorwort**

11 **Das Geheimnis der Gleichnisse**

23 **Die Gleichnisse**

- 25 Vom Schatz im Acker
- 35 Vom neuen Wein in alten Schläuchen
- 45 Vom Licht unterm Scheffel
- 55 Von den anvertrauten Talenten
- 65 Vom verlorenen Sohn
- 75 Vom barmherzigen Samariter
- 85 Vom Sämann
- 95 Vom Senfkorn
- 105 Von den Arbeitern im Weinberg
- 115 Von den klugen und den törichten Jungfrauen
- 125 Vom großen Gastmahl
- 135 Vom Haus auf Felsen und Sand

145 **Nachwort**

151 **Materialien für Hauskreise und Gottesdienste**

179 **Über die Illustratorin und den Autor**

Vorwort

Die Gleichnisse Jesu sind Kunstwerke. Weltliteratur. Geschichten mit dem gewissen Etwas: meisterhafte kleine Erzählungen, die in der Lage sind, das Leben eines Menschen zu verändern – weil sie existentielle Erfahrungen schildern, die die Hörerinnen und Hörer einladen, weiter zu denken. Weiter zu träumen. Weiter zu hoffen. Und zwar viel weiter. Himmelweit!

In diesem Buch spüre ich mit Ihnen 12 der bekanntesten dieser Gleichnisse nach, weil ich überzeugt bin: Darin geht es um das pralle Leben. Um Lachen und Weinen, um Ärgern und Feiern, um Hoffen und Bangen, um Angst und Vertrauen – einfach um alles, was ein Leben herausfordernd und lebenswert macht. Denn damals wie heute wollten und wollen die Leute vor allem eines gerne wissen: Wie funktioniert das mit dem Dasein?

Das Erzählen von Gleichnissen war, so scheint es, eine der großen Leidenschaften von Jesus. Im Neuen Testament heißt es wörtlich: *»Ohne Gleichnisse redete er nicht zu ihnen.«* (Markus 4,34) Starker Satz! Offensichtlich waren diese kurzen, knackigen Stories, die mit Sprachwitz, fesselnden Spannungsbögen und lebensnahen Details daherkommen, genau seine Sache.

Natürlich wurden und werden in vielen (gerade orientalischen) Kulturen regelmäßig Gleichnisse erzählt, aber für Jesus entwickelten sie sich zu einem Erkennungsmerkmal: *»Das ist der, der so gerne anschauliche Geschichten erzählt. Das ist seine Art, den Menschen zu zeigen, wie sie sich selbst, ihren Nächsten und Gott näherkommen.«* Viele Wissenschaftlerinnen und Wissenschaftler sind deshalb überzeugt: Wer sich mit den Gleichnissen beschäftigt, der ist besonders nah am historischen Jesus dran.

Die Gleichnisse sind wirklich spektakulär. Schauen wir uns das doch mal an: *Einem absoluten Loser wird alles verziehen. – Ein geschmückter Festsaal wird mit irgendwelchen Dahergelaufenen gefüllt. – Ein gesellschaftlicher Außenseiter avanciert zum Helden der Straße. – Ein verachteter Zollbeamter kann cooler beten als ein studierter Geistlicher. – Und einer, der 12 Stunden lang hart gearbeitet hat, kriegt genauso viel Lohn wie der, der nur eine gechillte Stunde am Arbeitsplatz war*: Das ist richtig gutes Storytelling. Netflix fürs Lagerfeuer! Was zum Anregen … und zum Aufregen.

Bei all diesen Geschichten gilt: »Gleichnisse« heißen die smarten Erzählungen, weil sich das, was sie beschreiben, mit unserem Leben »vergleichen« lässt. Weil bei ihnen in eine äußere Erzählebene eine tiefergehende Sinnebene eingewoben ist, die den Hörerinnen und Hörern einen unerwarteten Verstehenshorizont anbietet und ihnen Lust macht, sich mit den geschilderten Erfahrungen auseinanderzusetzen. So, dass sie ihren eigenen Fragen auf die Spur kommen.

Das Faszinierendste an den Gleichnissen Jesu bleibt aber: Die Settings, in denen sie spielen, mögen antik sein, die damit verbundenen Themen sind es nicht. Die sind zeitlos. Mehr noch: Wir werden sehen, dass sie viele brandaktuelle Diskussionen unserer Gesellschaft schon vor 2000 Jahren bedacht haben. Insofern geht es in diesem Buch weniger darum, die Gleichnisse Jesu zu erklären – gute Geschichten muss man nicht erklären – als darum, sie in ihrem Kontext zugänglich zu machen. Weil die Menschen vor 2000 Jahren manches anders gehört haben, als wir es heute tun.

Ein Beispiel! Wenn Jesus das *»Gleichnis von den Arbeitern im Weinberg«* erzählt, dann war für jede Israelitin und jeden Israeliten klar: *»Ah … Weinberg – das ist doch seit Jahrhunderten ein Bild für das Volk Israel.«* (Siehe etwa: Jesaja 5,1–7) Bei den Bildern dieser Story geht es also (auch) um die gesellschaftliche Relevanz des Geschehens. Dementsprechend haben die Zuhörenden das Gleichnis damals in einem bestimmten Zusammenhang gehört. Wer das weiß, dem wird sich die »Botschaft« der Geschichte auch im 21. Jahrhundert deutlich besser erschließen.

Nebenbei, der Philosoph Wilhelm Schapp ist überzeugt: Wir sind alle *»in Geschichten verstrickt«*. Mit anderen Worten: Geschichten formen unsere Persönlichkeit – selbsterlebte und gehörte oder gelesene. Weil wir dem Geheimnis des Lebens niemals mit Daten und Fakten, sondern nur mit Geschichten auf den Grund kommen. Das heißt: Wer einen Menschen wirklich kennenlernen will, der sollte sich nicht dessen tabellarischen Lebenslauf anschauen, sondern sich persönlich erzählen lassen, welche Geschichten sein Leben geprägt haben.

Der israelische Historiker Yuval Noah Harari geht sogar noch einen Schritt weiter: Er ist überzeugt, dass auch Gemeinschaften nur durch starke »Narrative«, also verbindende Geschichten, ein echtes Miteinander entwickeln können … und appelliert deshalb an die Welt, immer wieder nach Geschichten zu suchen, die helfen, ein sinnstiftendes Wir-Gefühl zu entwickeln.

Jesus wusste um diese einzigartige Kraft des »Narrativen« schon vor 2000 Jahren, denn er hat genau das gemacht: Er hat mit seinen Gleichnissen sowohl das Dasein einzelner Menschen verändert als auch die Weltgemeinschaft der Christinnen und Christen begründet. Er hat mit den Gleichnissen die Realität neu geformt.

Der Theologe Eberhard Jüngel ist daher der Meinung: Das Reich Gottes *»kommt im Gleichnis als Gleichnis zur Sprache«*. Ein komplexer Satz mit einer verblüffenden Botschaft: Wenn Gleichnisse die Kraft besitzen, die Wirklichkeit zum Guten zu verändern, dann wohnt ihnen eine göttliche Dimension inne, ja, dann scheint in ihnen selbst etwas von der alles transformierenden Herrlichkeit Gottes auf. Ob das stimmt? Probieren wir's einfach aus!

Und wenn Sie sich fragen, warum ich aus den etwas mehr als 40 Gleichnissen Jesu ausgerechnet diese 12 ausgewählt habe, sei

Ihnen gesagt: Es sind einfach die bekanntesten – und einige, von denen ich glaube, dass ihre Anregungen für Menschen unserer Zeit besonders wegweisend sind. Außerdem binde ich an mehreren Stellen weitere Gleichnisse mit ein, die sich mit sehr ähnlichen Fragestellungen wie der jeweilige Haupttext auseinandersetzen. Lassen Sie sich überraschen.

Ach ja: Warum Gleichnisse – meiner Meinung nach – eine einzigartige Kunstform und eine für die Vermittlung von geistlichen Inhalten besonders geeignete Gattung sind, erläutere ich Ihnen im Einstiegskapitel, dessen Lektüre Sie aber auch getrost auf später verschieben können, wenn Sie gerne direkt in die mitreißenden Erzählungen einsteigen wollen.

Und eine letzte Vorbemerkung: Man kann sich von Gleichnissen wunderbar alleine inspirieren lassen. Ich habe aber die Erfahrung gemacht, dass es sich lohnt, mit anderen darüber ins Gespräch zu kommen. Deshalb finden Sie im Anhang dieses Buches Anregungen und Ideen, die Lust machen, aus den vorliegenden Kapiteln entweder vergnügliche Einheiten für gemeinsame Abendessen, Gesprächsgruppen und größere Kreise zu gestalten oder aber ganze Gottesdienste zu feiern.

Vielleicht motivieren diese Ideen Sie ja sogar dazu, mal eine eigene Predigtreihe oder ein Wochenend-Seminar zu den »Gleichnissen« zu entwickeln. Ich glaube: Sie sind es wert.

So, und jetzt geht es los. Herzlich willkommen in der Welt der Gleichnisse: im »Bilderbuch Gottes«. Diese herrlichen Kurzgeschichten Jesu sind, um auch das schon mal gleichnishaft zu formulieren, eine literarische Einladung, *»Licht der Welt«* zu werden.

Herzlich,
Fabian Vogt

Das Geheimnis der Gleichnisse

Der französische Dichter und Philosoph Voltaire hat launig geschrieben: *»Die nützlichsten Bücher sind diejenigen, die den Leser zu ihrer Ergänzung auffordern.«* Voilá, so funktionieren Gleichnisse: Sie ermutigen uns, Entscheidungen zu fällen, Prioritäten zu setzen, tragfähige Werte zu entwickeln, neue Lebensziele zu finden und unsere Persönlichkeit zu entfalten.

Stellt sich die Frage: Wie machen sie das, die Gleichnisse? Und warum gelingt ihnen etwas, das vielen anderen Textgattungen deutlich schwerer fällt? So, dass man sogar sagen könnte: *»Das, was Gleichnisse können, können nur Gleichnisse.«* Schauen wir uns das mal etwas genauer an.

Das Geheimnis der Gleichnisse besteht zuallererst darin, dass sie auch unser Herz und nicht nur den Verstand ansprechen. Weil es in ihnen weniger um Logik geht als um Erfahrungen. Was sofort einleuchtet: Jemand kann mir noch so oft beteuern, dass er mich liebt – wenn ich von dieser Liebe nichts spüre, bleiben alle gesprochenen Worte hohl und leer. Erst wenn die oder der andere mich in den Arm nimmt, wird ihre oder seine Liebe fassbar, erlebbar, Wirklichkeit.

In diesem Sinn malen uns Gleichnisse menschliche Erfahrungen so anschaulich vor Augen, dass sie in uns eigene Erfahrungen hervorrufen – Erfahrungen, die wir selbst schon gemacht haben, und Erfahrungen, die wir, davon angeregt, noch machen können. Sie umarmen unsere Seele!

Dazu kommt: Geschichten fesseln unsere Aufmerksamkeit deutlich mehr als reine Lehrsätze. Geschichten haben einen Spannungsbogen … und wir wollen gerne wissen, wie sie weiter- und wie sie ausgehen. Das altkirchliche Dogma *»Christus ist wahrer Gott und wahrer Mensch, unvermischt und ungeschieden«* mag theologisch noch so bedeutend sein, echten »Suspense« (wie der Filmregisseur Alfred Hitchcock erzählerische Spannungsmomente nannte) produziert es eher wenig. Und wir warten nach dem Hören auch nicht begierig auf Staffel 2. Zudem bleibt ein derartiger Leitsatz selten so gut im Gedächtnis wie eine packende Story. Kein Wunder, dass heute auch im Marketing der Grundsatz gilt: *»Es geht immer ums Storytelling.«* Mit anderen Worten: Wenn du Menschen erreichen willst, dann verpacke deine Botschaft in eine packende Geschichte.

Offensichtlich wusste Jesus das alles schon im Jahr 30. Denn er hat weder schriftliche Aufzeichnungen hinterlassen noch ein Lehrbuch oder ein Kompendium seiner wichtigsten Ideen – nein, er hat mit Hingabe Gleichnisse erzählt. Herrlich bewegende Geschichten. Und diese Gleichnisse sind trotzdem geballte Theologie. Aber eben bildhafte, anschauliche, nachvollziehbare und einladende Theologie. Illustrierte Theologie, die man auch ohne Theologiestudium versteht; wenn man sich auf sie einlässt.

Eines ist dabei erstaunlich: In der hebräischen Bibel wird ausdrücklich betont, dass sich der Mensch von Gott kein Bild machen soll. Und was macht Jesus, der Sohn Gottes: Er wirft in seinen Gleichnissen mit Bildern von Gott nur so um sich. Und wie! Verschwenderisch. Leidenschaftlich. Begeistert! Sinngemäß sagt er: *»Gott ist wie ein Vater.« »Gott ist wie ein Hirte.« »Gott ist wie ein Sämann«* und noch viele mehr.

Ist das ein Widerspruch? Nein! Denn natürlich hat das sogenannte »Bilderverbot« seine Berechtigung. Den Gott, der von sich sagt, dass er das pulsierende Leben ist (der hebräische Gottesname »Jahwe« trägt den Wortstamm für »Leben« in sich), kann und sollte man nicht in starre Bilder pressen. Schon gar nicht in irgendwelche Götzenbilder aus Stein. Weil wir ihn damit festlegen und klein machen würden: Gott ist größer als alle menschliche Vorstellungskraft und lässt sich niemals bildlich darstellen.

Darum macht Jesus etwas äußerst Geschicktes: Er fügt bei seinen Gleichnissen (tatsächlich oder gefühlt) immer das kleine Wörtchen »WIE« ein. »Gott ist *wie* …«. Nicht »Gott ist …«, sondern »Gott ist *wie* …«. Oder: »Das Himmelreich ist *wie* …«. Ein kleiner, aber feiner Unterschied. Dadurch fällt Jesus nämlich keine abschließenden Aussagen über Gott, sondern vergleicht ihn nur. Er redet von Gott in bunten Bildern, ohne ihn auf *ein* Bild festzulegen.

Und weil er das mit einem ganzen Bilderbuch von Veranschaulichungen tut, sorgt er zugleich dafür, dass niemand auf die Idee käme zu sagen, Gott wäre … was weiß ich … exakt wie ein Hirte. Keine Angst, Gott riecht vermutlich nicht nach Schaf, aber einige Eigenschaften, die ein guter Hirte hat, verraten Wesentliches über das Wesen des Gottes, der Himmel und Erde geschaffen hat.

Und möglicherweise – so zumindest die Überlegung vieler Theologinnen und Theologen – hat dieses Vorgehen Jesus in der damals politisch und religiös sehr aufgeheizten Gesellschaft auch geschützt. Wenn ein Andersdenkender kam und schimpfte: *»Jesus, du bist ein Ketzer, du hast behauptet, Gott wäre so oder so«*, dann konnte Jesus lächelnd antworten: *»Aber nein, ich habe doch nur eine nette, unterhaltsame Geschichte erzählt.«*

Stellt sich die Frage: Was genau zeichnet denn nun ein Gleichnis aus? Um ehrlich zu sein: Eine letztgültige Definition existiert nicht. Vermutlich, weil es zu viele Text-Kategorien gibt, die ähnlich funktionieren wie Gleichnisse: Metaphern, Bildreden, Allegorien, Parabeln, Fabeln, Beispielerzählungen und einige andere. Worin die Problematik besteht, zeigt etwa die kleine Frage: Ist die Formulierung Jesu im Johannesevangelium *»Ich bin das Licht der Welt«* ein Gleichnis oder nicht? Was denken Sie?

Natürlich meint Jesus hier nicht wortgetreu, dass er eine Öl-Funzel oder eine Energiesparlampe wäre, sondern verweist auf einen hoch-theologischen Sinnzusammenhang: Dort, wo die Botschaft von der Liebe und der Freundlichkeit Gottes in die Welt kommt, wird es, symbolisch gesprochen, im Leben vieler Menschen hell. Es gibt also sehr wohl eine starke Vergleichsebene, trotzdem gelten die *»Ich-bin-Worte«* Jesu bei den meisten Wissenschaftlerinnen und Wissenschaftlern bis heute nicht als Gleichnisse; unter anderem, weil sie keine Geschichte erzählen.

Deshalb ist es auch so schwer zu sagen, wie viele Gleichnisse Jesu überhaupt überliefert sind. Antwort: Das hängt von der jeweiligen Definition von »Gleichnis« ab. Im Vorwort habe ich schon gesagt, dass heute von etwas mehr als 40 Gleichnissen im engeren Sinn ausgegangen wird – obwohl auch da fleißig weiter diskutiert wird.

Trotzdem lassen sich natürlich einige markante Kennzeichen der Gleichnisse Jesu benennen: Sie sind zum Beispiel nie märchenhaft oder fantastisch, sondern spielen immer in der realen Welt; das heißt, es kommen weder Einhörner noch sprechende Füchse, Feen, Zwerge oder Rumpelstilzchen drin vor.

Auffallend ist auch: Jesus zeigt in seinen Geschichten gerne spannungsgeladene Situationen, etwa dadurch, dass er ein starkes Gegensatzpaar präsentiert: *»Ein Vater hatte zwei Söhne …«. »Da war ein Pharisäer und ein Zöllner …«. »Fünf kluge und fünf strunzdumme Brautjungfern wollten zu einer Hochzeit …«.*

Zudem bringen viele Gleichnisse eine unerwartete Wendung mit sich: *»Ein untreuer Verwalter kann ein großes Vorbild sein …«* oder *»Mancher Richter richtet überhaupt nicht gerecht«* oder *»Mit Talenten muss man wuchern.«*

Und: Gleichnisse haben immer einen dialogischen Anspruch, wollen also mit den Hörerinnen und Hörern in einen anregenden Dialog eintreten. Was Jesus gelegentlich dadurch unterstreicht, dass er gleich die passenden Fragen stellt: *»Wer von euch würde nicht …« – »Was meint ihr dazu?«*

Ein wesentliches Merkmal der Gleichnisse Jesu ist außerdem, dass sie – direkt oder indirekt – immer vom Reich Gottes erzählen;

also davon, wie sich die Welt und das Leben der Menschen verändern, wenn sie mit der Liebe Gottes in Kontakt kommen. Was dieses »Himmelreich« auszeichnet, das zeigt sich etwa in der bedingungslosen Zuneigung eines vergebenden Vaters (*»Gleichnis vom verlorenen Sohn«*) oder in der grenzenlosen Freude eines Menschen, der einen Schatz gefunden hat (*»Gleichnis vom Schatz im Acker«*). Und weil sich das Reich Gottes schon jetzt mitten in dieser Welt entfaltet, lässt es sich am besten mit Bildern aus dieser Welt begreiflich machen. Das heißt: Gleichnisse zeigen uns den »Himmel auf Erden« und werden deshalb zu Recht als *»Fenster zum Himmel«* bezeichnet. Es lohnt sich, hindurchzuschauen!

Trotzdem ist meine Anfangsfrage noch nicht beantwortet: Was ist das Geheimnis der Gleichnisse? Wie gelingt es ihnen, die Wirklichkeit umzugestalten und Menschen zu verändern? Ich habe dazu mal zehn Kriterien zusammengestellt, von denen ich glaube, dass sie uns helfen, diesem Geheimnis auf den Grund zu gehen.

1. Kriterium: Die Sache mit der Wahrheit

Nicht erst seit der Aufklärung geht es in der Gesellschaft immer wieder darum, ob denn das, was in der Bibel steht, faktisch wahr ist: *»Konnte Jesus wirklich über das Wasser laufen?« »Ist er tatsächlich auferstanden?« »Hat er all diese Kranken geheilt?«* Für viele Suchende macht sich Glaube bis heute vor allem an der Wahrheitsfrage fest. Und genau die wird bei den Gleichnissen lässig ausgehebelt.

Ist das *»Gleichnis vom verlorenen Sohn«* wahr? Nein! Es ist vermutlich frei erfunden. Höchstwahrscheinlich hat es den Sohn nie gegeben. Das ist aber auch egal. Denn selbst wenn diese Geschichte nicht im faktischen Sinne wahr wäre, finden wir vermutlich keinen biblischen Text, der den Menschen im Lauf der Kirchengeschichte mehr über das Wesen Gottes offenbart hätte als dieser. Weil Gleichnisse eine existentielle Wahrheit in sich tragen. Sie sind fiktive Erzählungen mit Mehrwert. Sprich: Das, was sie vermitteln, lässt sich nicht als wahr *be*weisen, aber es *er*weist sich als wahr. Und das merken selbst atheistische Zuhörerinnen und Zuhörer.

2. Kriterium: Die Sache mit der Lebenswelt

Jesus erzählt keine Stories vom Gipskrieg oder von Anno dazumal (so wie wir in Gottesdiensten gerne Jahrtausende alte biblische Geschichten erzählen), sondern nimmt als Kulisse immer Beispiele aus der aktuellen, realen Welt seiner Zuhörerschaft. Und wie diese sind die Protagonistinnen und Protagonisten der Gleichnisse Tagelöhner, Witwen, Arbeiter, Geldverleiher, Schafhirtinnen, Fischer oder einfach nur besorgte Eltern, die ihre Kinder lieben.

Entscheidend ist: Die alltäglichen Erlebnisse der Gleichniswelt könnten genauso in meiner Familie passieren. Sie docken an die Erfahrungen und Beobachtungen der damaligen Frauen und Männer an – und jeder kannte Menschen, denen etwas Ähnliches schon mal zugestoßen war. Um es kurz zu machen: Die Leute spürten *»Der erzählt von mir!« »Der kennt meine Welt!« »Der weiß, was mich bewegt.«* Eine Beobachtung, die ermutigt, nicht nur den zeitlosen Dimensionen der Gleichnisse Jesu nachzuspüren, sondern auch zu prüfen, welche Gleichnisse aus unserer Lebenswelt Menschen heute hören sollten, um sich darin wiederzufinden.

3. Kriterium: Die Sache mit den Erzählebenen

Ich habe schon erwähnt, dass sich bei Gleichnissen hinter der äußeren Erzählebene eine zweite Sinn-Ebene findet, die anregt, uns selbst und die Welt neu wahrzunehmen. Und irgendwie spüren Zuhörende bis heute, dass Gleichnisse nicht nur fröhliche Anekdoten sind, sondern eine Einladung in sich tragen: *»Schau doch mal, ob dir diese Story nicht ganz neue Perspektiven schenkt.«* Weil es eben im *»Gleichnis vom verlorenen Sohn«* nicht nur darum geht, dass da ein Vater seinen heimkehrenden Sohn mit offenen Armen begrüßt, sondern darum, dass sich jede und jeder danach sehnt, dass sie und er auch dann noch willkommen ist, wenn sie im Leben mal falsche Entscheidungen getroffen haben.

Gleichnisse bieten einen neuen Verstehenshorizont an, weil sie Außergewöhnliches im scheinbar Gewöhnlichen sichtbar machen – weil sie anhand lebensnaher Erlebnisse die großen Themen des Mensch-Seins behandeln: Vergebung, Selbstannahme, Gerechtigkeit, Liebe, Hoffnung, Vertrauen und vieles mehr. Und wer diese Themen wahrnimmt, die oder der kann gar nicht anders, als sich zu ihnen in Beziehung zu setzen.

4. Kriterium: Die Sache mit Gott

Ist Ihnen mal aufgefallen, dass Jesus an keiner Stelle behauptet, dass der Vater im *»Gleichnis vom verlorenen Sohn«* etwas über Gott sagt? Trotzdem wird diese Geschichte seit 2000 Jahren so interpretiert: *»Wie der Vater seinen verlorenen Sohn weiter liebt, obwohl der sich knallhart von ihm losgesagt hat, liebt er auch uns grenzenlos – ganz gleich, was wir falsch gemacht haben.«* Und vermutlich wollte Jesus genau das deutlich machen. Gesagt hat er es aber nicht. Das heißt: Gleichnisse können von Gott und vom Himmel reden, ohne dass sie das erwähnen müssen. Gut, gelegentlich leitet Jesus seine Erzählungen mit den Worten ein: *»Womit sollen wir das Himmelreich vergleichen?«* Dennoch bleibt offen, was da auf den Himmel verweist.

Der kluge Theologe Paul Tillich war deshalb der Meinung: *»Solange die Menschen merken, dass ich von Gott rede, ist es mir fast egal, wie ich ihn nenne.«* Nun, bei Jesus haben es die Menschen anscheinend gemerkt. Und merken es bis heute: Es ist möglich, von Gott zu sprechen, ohne ihn banal zu vermenschlichen und ohne in Ehrfurcht vor seiner überirdischen Wirklichkeit zu erstarren. Insofern bauen Gleichnisse Brücken zwischen unserer Welt und dem Reich Gottes. Sie machen deutlich: Mitten in unserem Alltag kann die Realität des Himmels aufscheinen.

5. Kriterium: Die Sache mit der Identifikation

Die Kraft der Gleichnisse liegt nicht nur darin, dass sie wesentliche Lebensfragen behandeln, sondern auch darin, dass sie mir Identifikationsrollen anbieten. Ich höre die Geschichten und frage mich unwillkürlich: *»Wie hätte ich in dieser Situation reagiert?«* Und nicht nur das: Ich kann mich sogar frei entscheiden, mit welcher Rolle ich mich identifiziere. Vermutlich hat so mancher Vater das *»Gleichnis vom verlorenen Sohn«* gehört und sich gedacht: *»Mannomann, ich habe mich mit meinen Kindern so verkracht. Wäre gut, ich könnte ihnen wie der Vater in dieser Geschichte vergeben.«* Dann stünde der Gleichnis-Vater nicht für Gott, sondern für alle Väter, die die Familie wieder zusammenbringen könnten. Denkbar wär's!

Die Figuren in den Gleichnissen sind wie Kostüme, in die ich schlüpfen … und in denen ich andere und neue Verhaltensweisen ausprobieren kann. Ein Erlebnis, das meine Selbstwahrnehmung womöglich ordentlich durcheinanderbringt: Denn vielleicht ertappe ich mich ja auch dabei, dass ich mich wie der ältere Bruder des verlorenen Sohns tierisch aufrege – für diesen Taugenichts wird eine Riesenparty geschmissen, während ich, der ich immer alles richtig gemacht habe, nie eine bekomme.

6. Kriterium: Die Sache mit dem Bilderbuch

Anders als Sachinformationen haben Gleichnisse eine Fähigkeit, die man niemals unterschätzen sollte: Sie lösen »Kino im Kopf« aus – also: eine ganze Bilderwelt. Um das mal an einem kleinen Beispiel deutlich zu machen: Der schlichte Satz *»Jesus kam nach Kapernaum«* lässt die meisten Menschen heute ziemlich kalt. Schon deshalb, weil nur noch wenige überhaupt wissen, wer oder was Kapernaum ist. Seien wir doch mal ehrlich: Ist das eine Stadt, ein Staat, eine Region, eine Landschaft, ein Rockfestival oder ein Schlachthof? Dementsprechend lässt mich, wenn ich das nicht weiß, so ein Sätzchen völlig kalt. (Nebenbei: Es ist ein Kaff am See Genezareth ;-)

Wenn ich nun aber erzähle: *»Jesus kam in ein kleines Fischerdörfchen«*, dann löst das bei vielen Menschen etwas aus: Sie denken dann nämlich an ein Fischerdörfchen, in dem sie selbst schon mal waren, sie riechen den Tang und das Salz, sie spüren den Wind auf der Haut, und sie hören die Wellen, die gegen die Kaimauer branden. Dann laufen sie gefühlt mit Jesus durch ihr »Fischerdörfchen«. Dass sich Zuhörende unter diesen Bedingungen besser auf eine Geschichte und ihre Botschaft einlassen können, ist offensichtlich.

7. Kriterium: Die Sache mit den Sinnen

Erzählende Sprache ist nach dem 6. Kriterium per se ein kommunikatives Geschehen, das etwas in mir auslöst. Und das eben nicht nur auf kognitiver Ebene, sondern mit allen Sinnen. Diese Beobachtung ist wichtig, weil sinnliche Erfahrungen und Emotionen Menschen zu allen Zeiten besser erreichen als reine Sach-Aussagen. So wie man in der Predigtlehre sagt: *»Eine gute Predigt über Trost erklärt mir nicht, was Trost ist, sie tröstet mich.«* In diesem Sinne erklären mir Gleichnisse nicht die Welt, sie nehmen mich ganzheitlich in ihre (und auch in meine) Welt mit hinein und lassen mich an den geschilderten Geschehnissen Anteil haben.

Dabei spielen die Gefühle, die durch die Geschichte in mir ausgelöst werden, eine tragende Rolle, weil sie mir helfen, mich intensiver zu den Inhalten des Geschehens in Beziehung zu setzen. Deshalb bin ich überzeugt, dass es für die Vermittlung geistlicher Inhalte zunehmend wichtiger werden wird, dass wir sinnlich, emotional und ganzheitlich kommunizieren. Weil Menschen auch in anderen Verlautbarungen der Kirche nicht nur intellektuell, sondern auch emotional berührt werden wollen. Dass das gelingen kann, zeigen die Gleichnisse Jesu bis heute.

8. Kriterium: Die Sache mit der Offenheit

Gleichnisse kommunizieren anders als die Vermittlung vermeintlicher Wahrheiten, weil sie mir die Freiheit lassen, selbst zu entscheiden, wieviel ich von dem, was gesagt wird, an mich heranlasse – und was ich für wahr halte. Während ich bei Aussagen wie *»Gott ist allmächtig«* eigentlich nur entscheiden kann, ob ich dieser Behauptung zustimme oder nicht, geben mir gleichnishafte Geschichten einen Frei-Raum zur eigenen weiterführenden Auseinandersetzung. Solche Stories fordern keine Zustimmung, sie laden mich ein, mir selbst eine Meinung zu bilden.

Umberto Eco, der Schriftsteller und Sprachforscher, nannte dieses Phänomen *»Offenes Kunstwerk«*. Ein offenes Kunstwerk gibt mir keine fertigen Antworten, sondern präsentiert mir starke Fragen und macht mir Lust, auf diese Fragen meine eigene Antwort zu finden. Eine derartige Form der Auseinandersetzung wird gerade im 21. Jahrhundert immer wichtiger, weil vielen das selbstgewisse Verkünden von »Tatsachen« aus guten Gründen suspekt geworden ist. So, wie ja auch immer noch der schöne Satz von Johann Wolfgang von Goethe gilt: *»Man merkt die Absicht und man ist verstimmt.«*

Gleichnisse dagegen erwarten keine normierte Reaktion, sondern sind eine Einladung zur persönlichen Auseinandersetzung.

9. Kriterium: Die Sache mit dem Perspektivenwechsel

Dass die Gleichnisse Jesu oftmals einen Plot-Twist haben, also eine unerwartete Wendung, ist kein Zufall. Sie zeigen, dass es im Leben passieren kann, dass einem ein Licht aufgeht, man einen neuen Horizont bekommt oder sogar ein Neuanfang stattfindet. Ja, mehr noch: Sie fordern uns auf, dazu jederzeit bereit zu sein. Weil wir alle die Neigung haben, uns selbst und unsere Welt nach vertrauten Erklärungs- und Verhaltensmustern zu bewerten – und weil wir uns so schwertun, aus liebgewordenen Gewohnheiten auszubrechen … selbst dann, wenn sie uns gar nicht mehr guttun.

Der Nobelpreisträger Albert Einstein hat diese Erkenntnis sehr drastisch in Worte gefasst: *»Die Definition von Wahnsinn ist, immer wieder das Gleiche zu tun und andere Ergebnisse zu erwarten.«* Um das noch mal am *»Gleichnis vom verlorenen Sohn«* zu verdeutlichen: Für einen Orientalen war völlig klar, dass es für einen missratenen Sohn, der seiner Familie den Rücken gekehrt und Schande über die Sippe gebracht hat, kein Zurück mehr gibt. Jesus zeigt: Doch, es gibt ein Zurück. Wenn der Patriarch über seinen Schatten springt (was er im Gleichnis sogar bildhaft tut) und vergibt, dann kann die Familie wieder eins werden. Insofern führen uns die Gleichnisse des Öfteren aus unserer Komfortzone heraus.

10. Kriterium: Die Sache mit der Unterhaltung

Last but not least: Gute Geschichten sind einfach gute Unterhaltung. Ich höre ihnen gespannt zu, feiere und leide mit den Protagonisten und lasse mich mitreißen. Das war an den Lagerfeuern der frühen Nomaden so – und gilt bis heute beim Serien-Gucken in Dauerschleife. Auch der Reformator Martin Luther hat früh festgestellt: »*Wenn man vom Artikel der Rechtfertigung predigt, so schläft das Volk und hustet; wenn man aber anfängt, Historien und Exempel zu sagen, da reckts beide Ohren auf, ist still und hört fleißig zu.*« Also: Wir brauchen mehr Mut zur Unterhaltung – auch in Glaubensfragen.

Eine Perspektive, die sich sogar sprachwissenschaftlich begründen lässt: Das Wort »Unterhaltung« bedeutet nämlich ursprünglich, dass da jemand oder etwas ist, der oder das mich von »unten hält«. Und wenn Menschen durch das Erzählen eines Gleichnisses entdecken, dass es Gott ist, der sie hält, wäre das doch beglückend. Ja, vielleicht sollten wir die Kunst des »Credotainments« neu entwickeln, ein Reden über den Glauben, das zugleich Spaß macht. Mit seinen Gleichnissen beweist Jesus, dass er schon im antiken Israel ein Credotainer war.

Diese 10 Kriterien sind wie ein buntes Mosaik – passend zum Bilderbuch Gottes. Aber ich glaube, dass sie sich zu einem Bild zusammenfügen, das zeigt, worin das Geheimnis der Gleichnisse besteht: Sie durchbrechen auf einzigartige Weise die unsichtbare Mauer zwischen den Zuhörenden und dem Erzählten, sie lassen mich zu einem Teil des Geschehens werden und inspirieren dazu, mich mit den Heldinnen und Helden auf eine abenteuerliche Reise zu begeben. Und das in einer ganzheitlichen Form, die ermutigt, die anklingenden Fragen zu meiner eigenen Person in Beziehung zu setzen. Denn dann ist es plötzlich ganz einfach, große theologische Themen leichtfüßig und spielerisch anzugehen.

So, und jetzt geht es los!

Die Gleichnisse

Der Theologe Christoph Kähler ist überzeugt, dass Gleichnisse *»Phänomene heilender Rede«* sind. Mit anderen Worten: Sie können gesund machen. Heilen. Die Lebensqualität steigern. Oder zumindest Gesundungsprozesse in uns anstoßen. Also: Fangen wir an … mit unserer kleinen »Gleichnis-Therapie«.

Weil Gleichnisse nicht nur Bilder liefern, sondern vor allem Bilder in uns auslösen wollen, habe ich die kreative Illustratorin Joy Katzmarzik eingeladen, für jedes Gleichnis, das ich Ihnen vorstelle, ein Bild zu malen, das Kerngedanken des Gleichnisses aufnimmt, ohne uns dessen Geschichte schon zu verraten. Diese Illustrationen machen Lust, sich fantasievoll in die Gedankenwelt des jeweiligen Textes hineinzufühlen.

Dann erzähle ich Ihnen das Gleichnis – neu übersetzt … und zwar so, wie ich es heute einem Menschen erzählen würde, der wenig theologisches Vorwissen mitbringt und mit der biblischen Sprache nicht vertraut ist. Denn das ist ja das Charmante an Gleichnissen: Sie docken an unsere Erfahrungswelt an, auch wenn wir keinen kirchlichen oder christlichen Hintergrund haben.

Anschließend stromere ich mit Ihnen ausführlich durch die Bilderwelt der jeweiligen Geschichte. Das heißt: Ich versuche, die Erzählungen einerseits in ihrer Entstehungszeit zu verorten – und sie andererseits für unsere Zeit lebendig werden zu lassen. Mit all den existentiellen Facetten, die sie in sich tragen und die schon damals, als Jesus sie öffentlich erzählt hat, die Menschen bewegt und herausgefordert haben.

Und wenn Sie dann noch weiter einsteigen wollen, finden Sie im Anhang zu den einzelnen Gleichnissen Anregungen, wie Sie allein oder mit anderen diese Geschichten noch nachhaltiger zu Ihren Geschichten machen können.

1. Der Schatz im Acker

Um das Himmelreich zu verstehen, stellt euch einen Menschen vor, der einen kostbaren Schatz in einem Acker fand … und ihn wieder vergrub. Er freut sich über diesen Schatz so sehr, dass er alles zu Geld macht, was er besitzt, nur um den Acker kaufen zu können.

Oder stellt euch einen Kaufmann vor, der nach schönen Perlen Ausschau hält und eines Tages die perfekte Perle findet. Er zieht los und verkauft alles, was er besitzt, nur um diese eine Perle kaufen zu können.

Matthäusevangelium 13,44–46

Was ist das Allerwichtigste im Leben? Worauf kommt es wirklich an? Und was bin ich bereit einzusetzen, um das alles Entscheidende zu finden … und behalten zu können?

Um nicht weniger als um diese großen, existentiellen Fragen geht's in dem kleinen Doppelgleichnis, das Jesus im Hafenstädtchen Kapernaum erzählt. Ein äußerst komprimierter Text, dessen Teile im griechischen Original jeweils nur aus einem einzigen Satz bestehen. Also: Was ist wesentlich? Und was ist mir das Wesentliche wert? Vorausgesetzt, ich kann überhaupt auskundschaften, was es ist … dieses Wesentliche.

Das Doppelgleichnis verhält sich, was das angeht, nämlich ziemlich frech: Es verrät gar nicht, worin das Allerwichtigste (also: der Schatz) überhaupt besteht, sondern beschreibt nur, wie zwei Menschen reagieren, die ihren jeweiligen *Schatz* finden: Sie freuen sich unfassbar … wie die Schneekönige … und sind bereit, alles, was sie besitzen, dafür einzusetzen, ja, sie sind bereit, alles andere stehen und liegen zu lassen, nur um dieses eine zu bekommen.

Im *Gleichnis vom Schatz im Acker* geht es also nicht um die Beschaffenheit oder den Wert des Schatzes (*»Das waren mehr als 1000 Golddublonen und 10 gut erhaltene Schokoriegel.«),* sondern um den Fund an sich … und um das durch den Fund ausgelöste Handeln der Menschen; und damit konkret: um unser Handeln. Um die Frage: Was tun wir eigentlich, um das Wesentliche im Leben zu finden … und wie reagieren wir, wenn wir es gefunden haben? Anders ausgedrückt: Gibt es in unserem Dasein etwas – Ziele, Ideale, Träume, Hoffnungen – das so bedeutend ist, dass dagegen alles Übrige verblasst?

Kleiner Fun Fact: Rund ein Drittel der Gleichnisse Jesu dreht sich um Reichtümer: um Lohn, um Besitz, um verlorene Werte oder ganz konkret um Geld. Allerdings macht der Wanderprediger sehr deutlich, dass er dabei keinerlei materielle Reichtümer im Sinn hat. Offensichtlich wussten die Weisen schon damals: *»Viel Geld zu haben, heißt nicht, reich zu sein.«*

Jesus nutzt die Kategorien *Reich* und *Arm*, um zu zeigen: Unabhängig davon, was jemand an Wohlstand hat, gibt es reiche und arme Menschen – postmodern könnte man auch sagen: glückliche und unglückliche Menschen. Menschen, die das entfalten können, was in ihnen steckt, und Menschen, denen das nicht gelingt. Und Jesus zeigt immer wieder: Es ist eine der zentralen Aufgaben des Mensch-Seins herauszufinden, was das Dasein einer Frau oder eines Mannes aus- und *heil* macht.

Solche umfassenden Sinn-Fragen bündelt Jesus nun in zwei scheinbar harmlosen Anekdoten: Ein Mann findet zufällig einen Schatz, ein Perlenhändler sucht nach neuer Ware und entdeckt die für ihn perfekte Perle. Beides waren für die damalige Zuhörerschaft gängige Erfahrungen: Da es weder Schließfächer noch sonstige diebstahlsichere Aufbewahrungsplätze gab, vergruben fast alle Israelitinnen und Israeliten ihre Wertgegenstände irgendwo im Freien – und dass Kaufleute auf der Suche nach Waren (zum Weiterverkaufen) durch die Lande zogen, hatte auch schon jeder erlebt.

Doch jetzt kommt die sensationelle Wende: Beide »Finder« sind stante pede bereit, ihr gesamtes Leben – alles, was sie überhaupt besitzen – in ihren jeweiligen Fund zu investieren. Das ist die Irritation, die damals wie heute aufhorchen lässt: Alles spontan auf eine Karte setzen … ja, wie bekloppt sind die beiden denn? Und offensichtlich will der Kaufmann die Perle auch nicht weiterverkaufen, sondern selbst behalten. Was geht denn hier ab?

Weil es sich um Gleichnisse handelt, interessiert uns zuallererst dieser überraschende Erzählmoment … und nicht die weitergehende Praxislogik der Geschichten. Das heißt: Niemand hat damals gefragt, ob und wie denn ein Mensch allein von einer Perle leben kann. So, wie es auch nicht um die juristische Frage geht, ob der Finder des Schatzes den Ackerbesitzer übers Ohr haut, wenn er ihm das Grundstück abkauft, ohne von dem darin verborgenen Vermögen zu berichten. Vermutlich erzählt Jesus genau deshalb ein Doppelgleichnis: Weil doppelt gemoppelt besser hält – und weil so niemand auf die Idee kommt, sich mit nebensächlichen Details aufzuhalten.

»Ich habe etwas gefunden, das ich für so kostbar halte, dass ich bereit bin, dafür alles andere herzugeben.« Wer das von sich sagen kann, ist schon reich. Warum? Weil so ein Mensch weiß, wofür er lebt. So jemand hat für sich erkannt, wofür es sich lohnt zu leben. Was für ein Schatz!

Der vielzitierte Autor Simon Sinek wird nicht müde zu betonen, dass (nur) ein Mensch, der die Frage nach dem »Why« (also nach dem »Warum«, dem innersten Grund) seines Daseins beantworten kann, auch zielgerichtet und erfüllt leben kann. Es geht in diesem Gleichnis also letztlich um die Sinn-Frage: Wofür bin ich auf dieser Welt? Weil ein Mensch, der diese Frage beantworten kann, alles dafür einsetzen wird, seine »Berufung« zu leben. So wie die Männer im Doppelgleichnis alles für ihren Schatz einsetzen. Schauen wir uns das mal genauer an.

Da niemand einen in der Erde vergrabenen Schatz zufällig findet, können wir davon ausgehen, dass der Mann auf dem Acker danach genauso intensiv gesucht hat wie der Kaufmann. Und schon mit diesem Motiv ermutigt Jesus seine Zuhörerinnen und Zuhörer: *»Versuch' auch du, dem Schatz deines Lebens auf die Spur zu kommen? – Und: Vertraue darauf, dass du etwas finden wirst.«* Ein Gedanke, der auch sonst regelmäßig in seinen Reden vorkommt: *»Bittet, so wird euch gegeben; sucht, so werdet ihr finden; klopft an, so wird euch aufgetan. Denn wer da bittet, empfängt, und wer da sucht, der findet; und wer da anklopft, dem wird aufgetan.«* (Lukas 11,9–10)

Mit anderen Worten: Wer keinen Schatz sucht, muss sich nicht wundern, wenn er keinen findet. Wer nicht fragt, wie er glücklich werden kann, muss sich nicht wundern, wenn er es nicht wird. Und weil Jesus bei seinen Gleichnissen immer das Himmelreich im Blick hat, gilt für ihn zugleich: *»Wer das Himmelreich nicht sucht, muss sich nicht wundern, wenn er es nicht findet.«*

Erfreulicherweise lädt das Doppelgleichnis sehr positiv zum Suchen ein, denn es erzählt ja von zwei erfolgreichen Findern. Zwei Männern, die daraufhin beide hingerissen sind und fröhlich werden. Beim Acker-Finder wird das explizit erwähnt, aber schon die Tatsache, dass auch der Kaufmann sein gesamtes Hab und Gut für die sensationelle Perle einsetzt, spricht dafür, dass er ebenfalls ein überwältigendes Glückserlebnis hat.

Diese Erwähnung der Freude ist ein zentrales Element des Gleichnisses, weil die Bibel viel öfter von Freude spricht, als wir das im Kirchenkontext wahrnehmen. Den Sinn des Lebens oder einen tragfähigen Glauben zu finden (für den die Reaktion auf das Finden des Himmelreichs hier auch steht), an etwas glauben zu können, macht fröhlich. Und wenn Paulus später schreibt: *»Freut euch im Herrn allezeit!«* (Philipper 4,4), dann nimmt er diesen Gedanken auf.

Warum ist das wichtig? Weil es bedauerlicherweise immer noch Menschen gibt, die denken: *»Wenn der liebe Gott kommt, dann hört der Spaß auf.«* Die haben offensichtlich die Bibel nicht gründlich genug gelesen. Allein in diesem Doppelgleichnis macht Jesus unmissverständlich deutlich: *»Wenn der Himmel ins Spiel kommt, dann fängt der Spaß erst richtig an. Das Glück. Die Lebensfreude. Die Hingabe. Der Wunsch, alles für diese beseelende Erfahrung einzusetzen.«* Man kann sogar sagen: Der Kern dieser Finde-Geschichten erschließt sich uns dann, wenn wir uns vor Augen halten, dass Jesus hier von zwei unfassbar glücklichen Menschen erzählt.

Und weil diese beiden Männer so über alle Maßen glücklich sind, haben sie auch kein Problem damit, ihren gesamten Besitz – der sie offensichtlich niemals so beseelt hat wie der neue, alles überstrahlende Fund – einzusetzen, um ihren Schatz in Besitz nehmen zu können. Womit wir nach der erzählerischen Einladung Jesu an seine Zuhörerinnen und Zuhörer, doch engagiert den eigenen Schatz zu suchen, bei der zweiten großen Herausforderung dieses Gleichnisses sind: Was ist, was wäre mir der Schatz meines Lebens wert, wenn ich ihn finde?

Jesus macht in dem Doppelgleichnis mit einem simplen Bild deutlich, dass diejenigen, die einen Schatz finden, meist etwas aufgeben müssen, um ihren Schatz nutzen zu können. Beim Schatz im Acker wechselt Jesus dabei sogar – um die Relevanz hervorzuheben – vom erzählerischen Imperfekt spontan in die Präsensform: *»Der Mann vergrub den Schatz wieder. Er freut sich über diesen Schatz so sehr, dass er alles verkauft, was er besitzt, nur um den Acker erwerben zu können«.* Aber wie gesagt: Beide Männer entscheiden aus eigenem Antrieb, dass sie das wollen. Weil der Schatz es wert ist. Ja, das Himmelreich hat seinen Preis. Aber den *Himmel auf Erden* zu erleben, ist jeden Preis wert.

Mehr noch … Jesus macht einmal an anderer Stelle deutlich: *»Niemand kann zwei Herren dienen. Wer dem einen richtig dienen will, wird sich um die Wünsche des anderen nicht kümmern können.«* (Matthäus 6,24) Wer den Schatz oder die Perle seines Lebens gefunden hat, die oder der sollte sich darauf konzentrieren. Die oder der sollte sich nicht mehr von nebensächlichen Dingen vom Wesentlichen ablenken lassen. Was für eine steile Aussage: Jemand, der herausgefunden hat, wofür er leben möchte, sollte sich nicht mehr mit Zweitrangigem beschäftigen. Zumindest dann nicht, wenn es ihn vom Allerwichtigsten abhält.

In drei Evangelien wird deshalb eine Geschichte erzählt, die diese Situation sehr prägnant erläutert: Eines Tages kommt ein junger Adeliger zu Jesus und fragt ihn, wie denn ein Mensch den Himmel erleben könne. Jesus fragt den Mann daraufhin seinerseits, ob er sich an alle Gebote halte. Woraufhin dieser stolz erwidert: *»Ja, und das schon seit meiner Kindheit.«* Daraufhin heißt es: *»Als Jesus das hörte, sagte er zu ihm: Eines fehlt dir noch: Verkaufe alles, was du hast, und gib's den Armen. So wirst du einen Schatz im Himmel haben. Und dann komm und folge mir nach! Als der Jüngling das hörte, wurde er traurig; denn er war sehr reich.«*

Das, was der »Reiche Jüngling« nicht hinbekommt, schaffen die beiden glücklichen Finder im Gleichnis: Sie lassen alles hinter sich, verkaufen ihr bisheriges »Leben« für ihren Schatz … und trauern dem Eingesetzten nicht eine Sekunde hinterher. Weil sie erkannt haben, wie viel mehr wert das ist, was sie gefunden haben. Weil sie begreifen: Den Acker beziehungsweise die Perle bekommen sie nur, wenn sie alles investieren.

Ich habe viele Jahre mit einem begnadeten Musiker in einer Band gespielt. Jedes Mal, wenn wir zusammen auf der Bühne standen, haben seine Augen gestrahlt. Und eines Tages hat er mir bei einem Glas Rotwein gestanden: *»Wirklich glücklich bin ich dann, wenn ich Musik mache. Und um ehrlich zu sein: Ich verdiene mit meinem Job in der Industrie viel Geld, aber er ödet mich total an. Ich wünschte, ich hätte den Mut gefunden, ganz auf die Musik zu setzen. Den Mut hatte ich aber nie.«* Das ist für mich die »Geschichte vom reichen Jüngling« in unserer Zeit. Und ich kenne selbst genügend Momente, in denen ich denke: *»Wird höchste Zeit, mal wieder zu schauen, was der wahre Schatz in meinem Leben ist – und mich nicht von unwichtigen Faktoren davon ablenken zu lassen.«*

Der Gedanke *Konzentriere dich auf das Wesentliche* ist deshalb – meiner Meinung nach – auch kein Aufruf, sich fortan zu kasteien, allem Genuss abzuschwören oder die »Vielfalt« des Daseins hinter sich zu lassen, nein, es geht darum, den wichtigen Dingen Priorität zu geben. Und tatsächlich hat eine amerikanische Studie nachgewiesen, dass die meisten Menschen überwiegend Zeit mit Dingen verbringen, die sie selbst als unbedeutend ansehen – und relativ wenig Zeit mit den Dingen, die sie, nach eigener Aussage, für besonders relevant halten. Solche Menschen hat Jesus vor Augen. Und zu denen gehöre ich öfter, als mir lieb ist.

Ich bin überzeugt, dass Jesus den Schatz und die Perle bewusst als offene Symbole nimmt, weil er seine Zuhörerschaft – also auch uns – inspirieren will, herauszufinden, was denn unser »Schatz« ist … und damit wir aus eigenem Antrieb erkennen, wie wichtig es ist, alles in diesen Schatz zu investieren.

Zugleich machen die ersten Worte – *»Um das Himmelreich zu verstehen …«* – klar, dass in diesem Doppelgleichnis auch eine geistliche Zusage steckt: Jeder Frau und jedem Mann, die den *Schatz des Himmels,* also die befreiende Botschaft von der Liebe Gottes, finden, wird es so gehen, wie den Protagonisten in der Geschichte: Sie werden überglücklich sein und es wird ihnen nichts ausmachen, das, was vorher ihr Leben bestimmt hat, ohne mit der Wimper zu zucken hinter sich zu lassen.

Die Liebe Gottes ist ein so wertvoller Schatz, dass daneben alles Übrige verblasst. Und weil Jesus nach dem Verständnis der Bibel selbst die menschgewordene Liebe Gottes ist, bekommt dann auch einer seiner Sätze ganz neue Relevanz, der ansonsten gar nicht leicht zu verstehen wäre: *»Wer sein Leben verliert um meinetwillen, der wird's finden.«* (Matthäus 10) Der Schatz der Liebe Gottes ist so fantastisch, da braucht sich niemand mehr an andere Sehnsüchte zu klammern.

Übrigens haben gelehrte Frauen und Männer im Lauf der Geschichte immer wieder versucht, das Bild des Schatzes zu deuten und zu übersetzen. Hier einige ihrer Vorschläge: Weil im Judentum die Weisheit der Heiligen Schriften gerne als *Perle* bezeichnet wird, dachte man lange, der Schatz wäre einfach die *»Erkenntnis des Glaubens«*. Der Kirchenvater Augustinus war überzeugt: *»Der Schatz ist die Liebe zum Bruder und zu Gott«*. Und viele andere Gelehrte meinten, der Schatz wäre höchstwahrscheinlich ein Symbol für Jesus selbst.

Wie schon angedeutet: Ich bin überzeugt, dass Jesus bewusst keine abschließende Erklärung für die beglückenden Funde liefert, weil es ihm eben – wie bei den anderen Gleichnissen auch – darum geht, dass jede und jeder, der diese Geschichten hört oder liest, anfängt, selbst zu überlegen, ob es in ihrem oder seinem Leben einen solchen Schatz gibt, etwas, das dem Dasein Sinn, Halt und Orientierung gibt. Und diese Einladung steht nicht im Widerspruch dazu, dass der Menschensohn davon überzeugt ist, dass der »Schatz im Himmel« wichtiger ist als alle irdischen Schätze: *»Sammelt euch keine Schätze auf der Erde, wo die Motten und der Rost sie zerfressen und wo Diebe sie stehlen, sondern sammelt euch Schätze im Himmel. Denn wo dein Schatz ist, da wird auch dein Herz sein.«* (Matthäus 6,19ff.)

Vielleicht fasst der letzte Satz dieses Zitats noch mal gut zusammen, worum es in diesem Gleichnis geht: Herauszufinden, woran mein Herz hängt. Woran es wirklich hängt. Was es beglückt und gleichzeitig motiviert und antreibt. Wofür ich alles geben würde, weil ich auf dieses eine niemals verzichten wollte. Und das ist dann zugleich eine zutiefst geistliche Aussage, denn der Reformator Martin Luther hat mal prägnant gesagt: *»Woran du dein Herz hängst, das ist dein Gott.«*

2. Neuer Wein in alten Schläuchen

Niemand kommt auf die Idee, auf einen alten Mantel einen neuen Flicken zu nähen – weil so ein neues Stück Stoff schnell wieder abreißt und der Riss dadurch nur noch größer wird.

Es kommt auch niemand auf die Idee, neuen Wein in alte Schläuche zu füllen – weil der gärende Wein die alten Schläuche sprengen würde, so dass der Wein und die Schläuche ruiniert wären. Neuer Wein muss in neue Schläuche.

Markusevangelium 2,21–22

Als Jesus seiner Anhängerschaft voller Leidenschaft zuruft *»Ihr seid das Licht der Welt«* – da meinte er garantiert nicht das Schlusslicht. Im Gegenteil: Wer die Bibel aufmerksam liest, stellt fest, dass sie eine völlig andere Haltung, ja, einen gänzlich anderen Geist ausstrahlt ... nämlich den der Avantgarde. Avantgarde, das sind die Pioniere, die Vorhut, diejenigen, die eben *avant garde*, vor der eigentlichen Truppe auftauchen. Mit anderen Worten: Christinnen und Christen sollten nicht dem Zeitgeist hinterherrennen, sie sollen ihrer Zeit voraus sein. Und das mindestens einen Schritt. Einen großen Schritt sogar!

Tja, dass das Christentum vom Ansatz her ursprünglich ein Vorreiter, ein Trendsetter sein will, mag manche und manchen angesichts von (zumindest in der Außenwahrnehmung) oftmals behäbigen und um sich selbst kreisenden Kirchen überraschen, aber um diesen Vorreiter-Status geht es besonders im Neuen Testament an vielen Stellen. Denn selbst, wenn man einen Satz wie *»Siehe, ich mache alles neu«* lieber in die Welt der apokalyptischen Zukunftsvisionen verortet, nutzt Jesus mehrfach erstaunlich deutliche Bilder, um auf die Zukunftsorientierung der Glaubenden aufmerksam zu machen: *»Wer die Hand an den Pflug legt und zurückschaut, der taugt nicht für das Reich Gottes.«* (Lukas 9,62) Batsch! Das ist eine schallende Ohrfeige für alle Rückwärtsgewandten.

Jeder Bauer wusste damals: Wenn einer beim Pflügen nach hinten schaut, dann wird er keine gerade Ackerfurche ziehen können, dann fängt er an zu schlingern und unkontrolliert hin und her zu eiern. Sprich: Wer einen Acker ordentlich pflügen (und später eine reiche Ernte einfahren) will, der muss den Blick nach vorne richten. Hochkonzentriert. In die Zukunft. Auf das, was vor ihm liegt.

Wenn Jesus also verkündet, dass jemand, der sich an den Dingen hinter sich, sprich: an der Vergangenheit orientiert, nicht in der Lage ist, am Reich Gottes mitzubauen, dann ist das schon eine äußerst klare Ansage. Eine, die alle Glaubenden anstiften sollte, nach vorne zu schauen.

Allerdings wird bis heute innig darum gerungen, ob denn Kirchen eher bewahrend oder innovativ sein sollten. Und genau zu diesem anscheinend schon im Jahr 30 heiß umstrittenen Themenfeld präsentiert Jesus wieder ein Doppelgleichnis; eines, in dem er seinen Zuhörerinnen und Zuhörern vor Augen malt, was passiert, wenn das »Alte« und das »Neue« unkontrolliert aufeinanderprallen. Der Blick zurück und der Blick nach vorne.

Seine erzählerische Antwort ist ganz schlicht: *»Das geht nicht gut aus! Da gibt's massive Probleme.«* Ein neuer Flicken – womöglich aus noch ungewalztem Tuch – hält erfahrungsgemäß nicht auf einem abgewetzten Mantel … und neuer Wein macht alte Schläuche kaputt, weil er ja noch gärt und deswegen ungeahnte Kräfte entwickelt, denen die gebrauchten Materialien nicht standhalten. Das heißt: Da kommt was zusammen, was nicht zusammenpasst und auch nicht zusammengehört.

Um dieses Doppelgleichnis in seiner ganzen Bandbreite verstehen zu können, lohnt es sich, die Situation, in die hinein Jesus diese Geschichten erzählt, etwas genauer anzuschauen. Er wird nämlich an seinem Wirkungsort Kapernaum, dieser kleinen Handelsstadt am See Genezareth, in aller Öffentlichkeit angemacht: *»Hör mal, Jesus, warum fasten deine Jünger eigentlich nicht? Die Jünger von Johannes dem Täufer und die Jünger der Pharisäer fasten doch auch.«*

Fasten, also: der Verzicht auf bestimmte oder sogar alle Lebensmittel an sogenannten *»Fastentagen«*, galt damals als gottgefälliger, wichtiger Ausdruck des Glaubenslebens, als etwas Vorbildliches – und war im jüdischen Leben fest verankert. Zudem wird, kurz bevor Jesus das Gleichnis erzählt, noch betont: *»Die Jünger des Johannes und die Pharisäer fasteten viel.«* Die waren also, was das Fasten angeht, nicht nur *Standard*, sondern *Deluxe*. Fastenprofis. Glaubenselite. Spektakulär Fromme.

Das Ungewöhnliche an dieser Einleitung ist: Jesus wird hier mit zwei Gruppen konfrontiert (Johannes-Jüngern und Pharisäern), die unterschiedlicher gar nicht sein können: Johannes der Täufer und sein Team waren nämlich prinzipiell auf Jesu Seite. Der Heuschrecken schlemmende Prophet hatte Jesus selbst getauft, sich öffentlich als sein Wegbereiter bezeichnet und eine revolutionäre Gruppe gegründet, die alle Menschen aufrief, sich auf die bevorstehende Zeitenwende einzustellen und sich dafür taufen zu lassen.

Auf der anderen Seite standen die Pharisäer, eine politisch-religiöse Bewegung, die großen Wert auf die Einhaltung überlieferter jüdischer Vorschriften legte und die der Botschaft Jesu überwiegend kritisch gegenüberstand.

Und nun werden sowohl bekannte Unterstützer als auch erklärte Gegner Jesu als Kronzeugen angeführt, um eine ziemlich missbilligende Frage zu stellen: *»Schau mal, Jesus: Deine Freunde und deine Feinde machen es völlig anders als du. Die halten sich an die bekannten Regeln. Wie kann das denn sein? Wäre es möglich, dass du mit deiner Weigerung, unsere gute Tradition des Fastens zu pflegen, einfach falsch liegst?«*

Eine skurrile Erfahrung, die fast jeder macht, der schon mal in einem geprägten Umfeld innovative, frische Ideen einbringen wollte. Es sind oftmals nicht nur die Konservativen, die einen möglichen neuen Kurs in Frage stellen, nein, überraschenderweise haben auch Menschen Vorbehalte, die an sich genauso innovativ sein wollen – aber eben auf andere Weise. Genau das erlebt Jesus damals schon. Er und seine Jünger werden von allen Seiten radikal in Frage gestellt. *»Ihr könnt doch nicht den wunderbaren Brauch des Fastens über Bord schmeißen. Habt ihr sie noch alle?«*

Diese Infragestellung ist harsch. Und dementsprechend pointiert fällt auch die Antwort Jesu aus. Er beginnt sein Doppelgleichnis nämlich mit den Worten: *»Niemand kommt auf die Idee …«*. Das ist das antike Pendant für: *»Es ist ja wohl keiner so bekloppt, dass …«* oder *»Jeder vernünftige Mensch weiß ja wohl …«*. Also: *»Ihr seid bestimmt nicht so dämlich wie die Leute, die ständig bescheuerte Sachen machen: Diejenigen, die mit neuem Stoff Risse in alten Kleidungsstücken flicken wollen … oder ernsthaft denken, neuer Wein* *könnte in alten Säcken reifen. Da sind wir uns doch einig: So dämlich ist niemand, ihr nicht und wir nicht.«* Wer sagt da schon fröhlich: *»Och, ich schon«?*

Auch hier greift Jesus vertraute Bilder aus der Lebenswelt seiner Zuhörenden auf: Ein Mantel gehörte damals zur Basisausstattung jedes Israeliten – und Wein war neben Öl und Getreide eines der Haupterzeugnisse des Landes Israel. Die Motive aus dem Doppelgleichnis stehen also für die absoluten Grundbedürfnisse eines Menschen: Kleidung und Trinken. Dinge, die tatsächlich jede und jeder kannte und brauchte. Und zugleich war auch bei diesen Gleichnissen allen Beteiligten klar, dass Jesus hier weder Tipps für Handarbeits-Seminare in der VHS noch Ratschläge für Nachwuchswinzerinnen gibt, sondern höchst relevante Entscheidungen im Blick hat. Also: Worum geht es in diesen Gleichnissen?

Zuerst einmal: Achtung! Es geht nicht darum, dass das Neue besser wäre als das Alte. Das wäre eine Fehlinterpretation. Auch in der Antike wussten die Leute: Alter Wein schmeckt besser als ein Wein, der seinen Gärprozess noch nicht abgeschlossen hat. Der Gegensatz *Neu* gegen *Alt* greift hier also zu kurz. Und tatsächlich gibt es auch eine apokryphe Stelle (ein Zitat in einem Text, der damals nicht in die offizielle Sammlung der Bibeltexte aufgenommen wurde), in der es heißt: *»Man macht ja auch keinen alten Wein in neue Schläuche.«* Und um das Missverständnis von *Alt gegen Jung* abzurunden, sei noch erwähnt: Auch beim Gleichnis mit dem Stoff geht es darum, dass ein neuer Flicken den kostbaren alten Mantel eher zerstören als reparieren würde.

Das alles klingt schon in den Worten an, die Jesus den Fragestellenden direkt vor dem Doppelgleichnis verkündet: *»Er antwortete ihnen: Können denn die Hochzeitsgäste fasten, solange der Bräutigam bei ihnen ist? Solange der Bräutigam bei ihnen ist, können sie nicht fasten. Es werden aber Tage kommen, da wird ihnen der Bräutigam genommen sein; an jenem Tag werden sie fasten.«*

Also: Das Traditionelle, in diesem Fall: das Fasten, ist keineswegs an sich schlecht oder falsch. Und auch die Jüngerinnen und Jünger werden das eines Tages wieder tun. Ein schlichtes Gegeneinander-Ausspielen von Innovation und Tradition ist hier also nicht gemeint. Was dann?

Zuerst einmal macht Jesus deutlich, dass seine Jüngerschar in einer außergewöhnlichen Situation ist: Seine Anhängerinnen und Anhänger feiern wie Hochzeitsgäste, die sich mit dem Bräutigam freuen. Und bei einem großen Fest wird nun mal nicht gefastet. Damit betont Jesus etwas, das auch sonst eine entscheidende Rolle in seinem Denken und Handeln spielt: Regeln können gut und richtig sein – das heißt nicht, dass sie immer gelten.

Genau wegen dieses Prinzips gerät Jesus ganz oft in Auseinandersetzungen mit seinen Gegnern: Weil er (nach deren Empfinden) wichtige Traditionen scheinbar missachtet. Weil er – wie in unserer Erzählung – die Fastentage nicht einhält, oder weil er den Feiertag nicht heiligt, sondern auch am Schabbat Kranke heilt … oder weil er keine Scheu hat, Aussätzige zu berühren, obwohl das nach den damaligen Reinheitsvorstellungen ein Sakrileg war … oder weil er ohne jede Scheu die Häuser von Nichtjuden betritt, was ebenfalls als mittlere Katastrophe galt.

Regeln gelten nicht immer! Jesus ist überzeugt: Wir müssen die jeweiligen Umstände anschauen und dann klug entscheiden, ob bestimmte Regeln gerade passen oder nicht. Und wenn jemand am Feiertag Hilfe braucht, dann wäre es absurd, ihm nicht zu helfen, nur weil ein Gebot verkündet: *»Am Schabbat sollst du nicht arbeiten.«* Der Prediger bündelt seine Kritik an jeder totalitären Anwendung von Regeln in dem Satz: *»Der Schabbat wurde für den Menschen gemacht, nicht der Mensch für den Schabbat.«* (Markus 2,27) Noch mal: Das heißt nicht, dass das Gebot *»Heilige den Feiertag«* falsch wäre, aber wenn es um *Erste Hilfe* geht, ist es fehl am Platz. Dann gibt es etwas, das alles andere überstrahlt, nämlich die Liebe.

Und damit kommen wir zum Kern des Doppelgleichnisses: Beide Geschichten erzählen davon, dass etwas nicht passt. Dass was nicht stimmig ist. Das Fastengebot passt nicht, wenn es einen Grund zum Feiern gibt. Das Schabbat-Gebot passt nicht, wenn jemand vor meinen Augen zu ertrinken droht. Und die Naturgesetze passen nicht, wenn Jesus über das Wasser laufen möchte. Damit wird diese Doppelgleichnis ziemlich konkret: Wann schaffen wir es endlich, uns nicht mehr von Regeln, Geboten oder Vorgaben bestimmen zu lassen, sondern situativ anhand der Liebe zu prüfen, was gerade dran ist?

Dabei ist die zentrale Frage: Passt das? Und diese Anfrage gilt für den neuen Flicken auf dem alten Kleid genauso wie für alle Skeptikerinnen und Skeptiker, die zurzeit kritisch überlegen, ob die Angebote, Aussagen und Antworten der Kirchen noch zu den Bedürfnissen und Fragen der Menschen passen. Könnte es sein, dass sich auch heute viele Traditionalisten (wie die Fragesteller bei Jesus) laut darüber aufregen, dass nicht mehr so schön gefastet wird wie früher, anstatt zu schauen, was die aktuelle Bedürfnislage erfordert? Könnte es sein, dass wir uns viel zu oft an *alte* Bilder, Erfahrungen und Traditionen klammern, anstatt zu prüfen, was heute ein *neues* liebevolles Verhalten ausmachen würde? Dass Traditionen in der Praxis oftmals für wichtiger gehalten werden als Situationen … ja, sogar wichtiger als Menschen?

Glauben ist das Wissen um die Kostbarkeit des Lebens. Und alles, was dazu beiträgt, diese Kostbarkeit zu entfalten, wird zu einem Ausdruck der Liebe. Alles, was dem entgegensteht, stört die Liebe. Das betont Jesus, wenn er die Menschen wichtiger nimmt als die Gebote. Und das untermalt er mit dem Doppelgleichnis vom *»Unpassenden«*! Vom falschen Flicken auf dem Mantel und vom alten Wein in den neuen Schläuchen.

Dabei ist das Sensationelle bei Jesus, dass er in seinem Gleichnis das Alte und das Neue nicht gegeneinander ausspielt, wie es in der Kirche und der Gesellschaft zurzeit ständig passiert, sondern dass er nur darauf hinweist, dass das Alte und das Neue jeweils seinen Raum braucht. Und dass es ins Unheil führt, wenn man versucht, das eine mit den Mitteln des anderen voranzubringen. Ein Ertrinkender braucht nur eines: eine helfende Hand – keine noch so gut begründete Erklärung, warum man ihn an einem Feiertag nicht retten könne. Wer diese neue Situation nach den alten Regeln behandelt, hat am Ende eine Leiche. Oder eben lauter geplatzte Weinschläuche.

Letztlich verkündet Jesus schon mit diesen Gleichnissen eine aufgeklärte Lebenshaltung: *»Sapere Aude – Wage es, dich deines eigenen Verstandes zu bedienen«*, wie es die Vordenkerinnen und Vordenker der Aufklärung formuliert haben. Nutze deinen Verstand und lass dich dabei von der Liebe (Gottes) leiten. Versuche nicht nur, eingeübte Vorstellungen auf alle neuen Situationen zu übertragen, sondern entwickele den Mut, selbstständig verantwortungsvolle Entscheidungen zu fällen, die in der jeweiligen Situation die größtmögliche Realisation der Liebe bedeuten.

Wer diese Haltung entwickelt, kommt auch nicht mehr auf die Idee, nur bestimmte äußere »Formen« könnten heilsbringend sein – was wir ja in unseren Kirchen regelmäßig erleben. Polarisierende Vorstellungen wie: nur klassische Musik (oder nur moderne Musik) gehört in den Gottesdienst, nur Familiengerechtes (oder nur Hochintellektuelles) braucht die Gemeinde. Oder: Nur die Betonung der persönlichen Jesusbeziehung (oder nur die Betonung der gesellschaftlichen Verantwortung) entspringt dem wahren Glauben. So ein Unsinn! So, wie man auch nicht sagen sollte: nur Altes oder Neues. Beides braucht seinen Raum. Und beides funktioniert, wenn nicht die jeweils eine Seite versucht, der anderen die eigenen Muster aufzudrängen.

»Neuer Wein muss in neue Schläuche.« Damit spielt Jesus nicht das Neue gegen das Alte aus, sondern ermutigt: Gebt dem Neuen Raum! Den Raum, den es braucht. Die »Schläuche«, in denen aus dem neuen Wein dann auch hochwertiger reifer Wein werden kann.

Denn erst der schmeckt richtig gut – wie wir alle wissen. Aber dieser neue Wein kann nicht richtig reifen, wenn wir ihn in »alte Schläuche« füllen, wenn wir ihn in alte Formen pressen und von alten Traditionen bestimmt sein lassen wollen. Dann – wie Jesus es ausmalt – gehen die Schläuche kaputt und der Wein auch.

Warum ist dieses Doppelgleichnis trotzdem eines, das die Rolle der Glaubenden als Avantgarde untermalt? Weil nur Persönlichkeiten, die achtsam prüfen, ob die »alten Schläuche«, die bislang »guten Wein« hervorgebracht haben, auch für den »neuen Wein« geeignet sind … und die die Offenheit besitzen, neuem Wein gegebenenfalls angemessene Bedingungen zum Reifen zuzugestehen … weil nur solche Frauen und Männer zukunftsfähig sind.

Darin verbirgt sich die herausforderndste Frage dieses Gleichnisses: Was sind die »alten Schläuche« in meinem Leben, die ich so gerne den Vertretern des »neuen Weins« ans Herz legen möchte, obwohl sie vielleicht gar nicht passen? Und gelingt es mir, mutig in »neue Schläuche« zu investieren, weil es dann am Ende für alle mehr guten Wein gibt? Klingt jedenfalls lecker!

3. Vom Licht unterm Scheffel

Niemand zündet ein Licht an und verdeckt es oder stellt es hinter eine Bank. Ein Licht stellt man auf einen Leuchter, damit es für alle im Haus leuchten kann.

Lukasevangelium 8,16

Dieser markante Gleichnis-Text behandelt ein Thema, das seit Kurzem in der Soziologie ziemlich gehypt wird: nämlich die sogenannte *Selbstwirksamkeit*. Es geht dabei um die Frage, ob sich ein Mensch als »wirksam« erlebt. Also als jemanden, dessen Existenz in der Welt einen Unterschied macht? Denn seien wir ehrlich: Irgendwann fragt sich doch jede und jeder mal … bewirke ich eigentlich irgendwas in meinem Leben … oder ist es egal, ob es mich gibt? Wobei Letzteres, offen gesagt, ziemlich verstörend wäre.

Studien zeigen tatsächlich: Frauen und Männer, die ihr Tun und Denken als »wirksam« erleben, sind zufriedener, erfolgreicher und motivierter. Ich könnte auch hier wieder sagen: glücklicher! Kein Wunder: Sie empfinden ihr Dasein und ihr Tun ja als sinnvoll – und sinnstiftend. Und dieses Phänomen, das eben in der Soziologie mit dem sperrigen Begriff *Selbstwirksamkeit* bezeichnet wird, meint Jesus, wenn er erklärt, dass motivierte Menschen die Erfahrung machen, dass die Gesellschaft durch ihr Wirken heller wird. Kurz und knapp: *Jede und jeder von uns kann ein Licht in dieser Welt sein!*

»Lasst euer Licht leuchten vor den Menschen!« verkündet Jesus im fünften Kapitel des Matthäusevangeliums. Und das Schöne an dieser Aussage ist: Jesus scheint nicht einen Augenblick daran zu zweifeln, dass jedes Individuum so ein Licht in sich hat – auch Sie und ich. Davon geht er fest aus. Als gehöre das Leuchten zur Grundausstattung jedes Individuums. Darum kommt er auch auf so poetische Sätze wie den schon zitierten Vers *»Ihr seid das Licht der Welt«* oder die Zusage *»Ihr seid Kinder des Lichts!«* Aufgepasst: Nicht *»Ihr könntet das Licht der Welt sein oder werden, wenn ihr euch nur gehörig anstrengt«*, nein, *»Ihr seid es!«* Das ist eine phänomenale Zusage, an der es keinen Zweifel gibt. Wir sind Kinder des Lichts!

Das Bedürfnis, die eigene Existenz als wirksam zu erleben, scheinen Menschen übrigens seit Jahrtausenden zu verspüren, sonst hätte sich aus einer parallelen Überlieferung unseres Gleichnisses nicht das bis heute bekannte Sprichwort entwickelt: *»Du sollst dein Licht nicht untern Scheffel stellen«* (Matthäus 5,15). Ein Scheffel war im Orient eine Maßeinheit für Getreide – und das Gefäß, mit dem die Händler einen solchen Scheffel abgemessen haben, wurde lässigerweise auch gleich als »Scheffel« bezeichnet. Mit anderen Worten: *Stülpe keinen Mess-Becher über deine Lampe.* Klar, oder? Erfülle die Welt mit deinem Strahlen – und verstecke dein Licht nicht!

In guter Gewohnheit arbeitet Jesus auch bei diesem Gleichnis mit einem Bild, das seiner Zuhörerschaft absolut vertraut war. Natürlich, es gab ja damals noch keinen Strom. Wer also im Mittelmeerraum, wo die Sonne meist schon um 18 Uhr untergeht, im Haus noch was erledigen wollte, brauchte eine Lampe. Und die oder der wusste auch, dass eine Lampe, die in der hintersten Ecke des Raums steht, deutlich funzeliger ist als eine Lampe, die mittig an einen erhöhten Platz gestellt wird. Deshalb gab es damals tatsächlich in vielen Häusern metallene Ständer, mit denen der Wirkungsgrad der Lampen deutlich erhöht werden konnte.

Dazu kam: Lampen wurden in Israel überwiegend mit Olivenöl betrieben, was schon damals teuer und ein Lebensmittel war – also auf keinen Fall verschwendet werden durfte. Um so bedeutender war es, die Helligkeit einer Lampe optimal auszunutzen … und sie eben nicht, wie Jesus es hier ironisch formuliert (so dass man fast sein Lächeln zu sehen meint): Sie *»mit einem Gefäß abzudecken oder hinter eine Bank zu stellen«*. Eine Lampe hinter einer Bank: was für ein absurder Gedanke.

Und noch was: Wer einmal in einer Welt ohne künstliches Licht gelebt hat, die oder der weiß sehr wohl, welchen Unterschied eine Lampe nachts macht. Jesus selbst sagt: *»Wer bei Nacht umhergeht, stolpert, denn er hat kein Licht bei sich.«* (Johannes 11,10) Aber Licht bedeutet noch viel mehr: Ich brauche keine Angst mehr zu haben, die Schatten in meinem Haus könnten fürchterliche Monster sein, ich stoße meinen kleinen Zeh nicht an heimtückischen Möbelecken, ich finde die Dinge wieder, die mir runtergefallen sind, ich sehe den Gesichtsausdruck meines Gegenübers, wenn sie oder er mir etwas erzählt – und ich genieße den Anblick meines oder meiner Liebsten beim Liebesspiel. Licht macht einen Riesenunterschied! Licht kann alles verändern. Das wissen besonders diejenigen, die schon mal allein im Dunkeln gesessen haben. Und nun behauptet Jesus einfach: *»So einen Unterschied kannst auch du in dieser Welt machen. Du kannst das Dasein anderer hell werden lassen.«* Ja, jede und jeder kann es hell werden lassen.

Allerdings hätte Jesus dieses Gleichnis bestimmt nicht erzählt, wenn es nicht auch schon zu seiner Zeit Menschen gegeben hätte, die ihr Licht eben nicht zum Leuchten gebracht, sondern es bewusst oder unbewusst bedeckt haben. Aus Bequemlichkeit oder weil sie gar nicht ahnen, dass sie das Talent zum Strahlen besitzen.

In dieser Geschichte geht es deshalb nicht darum, ob und wie jemand sein Licht anzündet, sondern ob er – bildlich gesprochen – als müde Tranfunzel dahinvegetiert … oder ob er mit seinem Licht sorgsam umgeht und es effektiv und am richtigen Ort einsetzt. Und plötzlich lässt sich das Thema dieses Gleichnisses unglaublich modern übersetzen: *Bin ich mit dem, was ich bin, tue und habe, eigentlich am richtigen Ort?* Beziehungsweise: *Lebe ich das Leben, in dem ich das mir geschenkte Licht am besten zum Strahlen bringen kann?* Wenn das keine relevanten Fragen sind.

Übrigens: Um den Gegensatz von gelingendem und misslingendem Umgang mit dem eigenen Strahlen hervorzuheben, bringt Jesus ganz bewusst erst ein negatives und dann ein positives Beispiel: Ein Licht hinter der Bank oder unter einem Scheffel ist wirkungslos. Ein Licht in einer erhöhten Position dagegen lässt es hell werden. Und … Jesus ergänzt sofort: *»Für alle im Haus!«* Diese vier kurzen Worte sind äußerst relevant, weil die Idee vom *»Licht in uns«* nicht meint, dass es wir es in erster Linie möglichst hell für uns selbst werden lassen sollen. Es geht in diesem Gleichnis nicht um die Motivationstrainer-Idee *Entfalte dich selbst! Tschakka! – Mach das Beste aus dir! – Nutze deine Chancen!* Das ist auch wichtig, wäre aber in der Perspektive von Jesus zu wenig. Viel zu wenig.

Menschen bringen ihr Licht nämlich da am sinnvollsten zum Strahlen, wo sie es für möglichst viele hell werden lassen. Am besten *»für alle im Haus«*.

Ein Licht, das nicht leuchtet, braucht niemand. So wie auch niemand Salz braucht, das nicht salzt. Entweder bringt Salz Geschmack ins Leben, macht kostbare Nahrungsmittel haltbarer und hilft bei der Herstellung von Medizin – oder es kann auf den Müll. Beim Gleichnis *»Ihr seid das Salz der Erde«* – das im Kern die gleiche Botschaft hat wie das Gleichnis vom *Licht der Welt* – findet der Wanderprediger Jesus deshalb deutliche Worte: Salz soll salzen, sonst ist es wertlos. Auf unseren Text übertragen bedeutet das: Licht soll leuchten, sonst macht es nicht das, wofür es da ist. Dann ist es wertlos. Sprich: Es geht hier um die Frage, wann unser Leben für die Welt wertvoll ist.

Spätestens jetzt wird es höchste Zeit, dass wir die abstrakte Ebene verlassen und überlegen: Was bedeutet das denn konkret … *Licht in die Welt bringen*? Abgesehen davon, dass wir alle ein Gespür dafür haben, wie schnell ein Mensch sein Leben als dunkel und trübe empfinden kann. Ein Umstand, den die Menschheit schon ziemlich lange kennt, sonst hätte der Prophet Jesaja nicht schon vor 3000 Jahren hoffnungsvoll prophezeit: *»Für alle, die im Dunklen leben, wird es hell. Und für alle, die im Schatten wohnen, strahlt ein Licht auf.«* (9,1) Also: Wie kann ich das Leben anderer Menschen hell machen?

Ist es schon Licht im Dunkeln, wenn ich einem traurigen Menschen durch ein Lächeln Momente der Leichtigkeit schenke? Ich finde ja. Ist es Licht im Dunkeln, wenn ich Einsamen Zeit und Gehör schenke? Klar. Was denn sonst? Ist es Licht im Dunkeln, wenn ich in einem Konflikt dazu beitrage, den Streit beizulegen? Und wie!

In einem weiteren Gleichnis hat Jesus selbst einmal folgende Zusammenfassung formuliert: *»Ich war hungrig und ihr habt mir zu essen gegeben; ich war durstig und ihr habt mir zu trinken gegeben; ich war fremd und obdachlos und ihr habt mich aufgenommen; ich* *war nackt und ihr habt mir Kleidung gegeben; ich war krank und ihr habt mich besucht; ich war im Gefängnis und ihr seid zu mir gekommen.«* (Darauf komme ich später noch mal zurück.) Das alles sind Lichtmomente für die Betroffenen.

Und weil wir Menschen alle unterschiedliche Begabungen haben, lohnt es sich – neben solchen grundsätzlichen Möglichkeiten, liebevoll in der Welt zu agieren – auch noch mal zu prüfen, mit welchen meiner persönlichen Fähigkeiten ich das Leben anderer erleuchten kann. Bin ich ein gewiefter Organisator? Dann ab ins Orga-Komitee fürs nächste Stadtteilfest. Kann ich wunderschön singen? Dann auf die Bühne oder ans Lagerfeuer. Backe ich den leckersten Käsekuchen des Dorfes? Dann gleich die besten Freundinnen und Freunde zum Kaffeetrinken einladen. Weiß ich, wie man Computerprogramme installiert? Dann schnell ans Telefon und den Digital Naivs zur Seite stehen. Kann ich Menschen motivieren? Dann sofort überlegen, wen ich für ein starkes Projekt gewinnen kann. Vermutlich fallen Ihnen da selbst Tausende von Ideen ein. Oder Begabungen, die Sie besitzen. Wesentlich finde ich: Wir sehen die Welt mit anderen Augen, wenn wir überlegen, wie unser Handeln für andere »heilsam« sein kann.

Mir sind dabei zwei Dinge wichtig: Um es in der Welt heller werden zu lassen, braucht es keine Superheldinnen und Superhelden, keine *Wonder Women* und *Iron Men*, sondern Menschen wie Sie und mich, die mit ihren Möglichkeiten dafür sorgen, dass ihr *»Licht für alle im Haus leuchtet«*. Das Gleichnis vom »Licht unterm Scheffel« ist deshalb auch keine Anleitung *Wie mache ich aus einer kleinen Öllampe einen Flammenwerfer* – nein, es geht um das Licht, das schon in uns angelegt ist. Das bedeutet: Der entscheidende Perspektivwechsel, zu dem das Gleichnis einlädt, ist tatsächlich das Bewusstsein dafür, ob ich wahrnehme, wo und wie ich mein Licht platziere. Und damit weist Jesus vor allem auf eine Haltung hin: *»Lebe so, dass dein Dasein für möglichst viel Helligkeit im Leben anderer Personen (oder auch der Umwelt) sorgt.«*

Wenn wir dieser Logik des Gleichnisses folgen, dann müssten wir jetzt zuerst einmal prüfen, ob wir zu den Leuten gehören, die ihr Licht unter einen Scheffel stellen. Zum Beispiel, weil wir es nur für uns selbst hell haben wollen. Klar: Ich kann ja einen Eimer auch gezielt über meine Öl-Lampe stülpen, meinen Kopf seitlich mit darunter zwängen und dann fröhlich genießen, dass ich es hell habe. Ist zwar ungemütlich, aber weit verbreitet.

Vielleicht stelle ich mein Licht auch deshalb hinter eine Bank, weil ich gar nicht um seine Leuchtkraft weiß. Oder weil ich überzeugt bin, meine Funzel wäre nicht dazu in der Lage, für andere erhellend zu sein. Oder ich glaube ernsthaft, es wäre wichtig, dass es da hinter der Bank oder unter irgendwelchen Eimern eine Beleuchtung gibt – und merke gar nicht, dass ich mit meinem einzigartigen Licht an anderer Stelle viel dringender gebraucht werde. Also: Was könnte es sein, das mein Licht verdeckt?

Womit wir beim zweiten Motiv des Gleichnisses sind: Was könnte wohl der Leuchter, beziehungsweise die Erhöhung sein, die mein Licht zum Strahlen bringt? Das muss ja nicht gleich wie bei diesen erfolgreichen Managerinnen und Managern ablaufen, die eines Nachmittags lässig ihre 72-Stunden-Woche, die 20-Meter-Yacht und ihren Aufsichtsratsposten hinschmeißen, um anschließend ein veganes Sushi-Restaurant in den Vogesen aufzumachen. Oder eine ökologische Surfschule in Offenbach. Oder sonst irgendwas Bedeutsames. *Ein Licht stellt man auf einen Leuchter, damit es für alle im Haus leuchten kann.*

Wie könnte das gehen? Vielleicht, indem ich tatsächlich erst einmal grundsätzlich prüfe: *Was von dem, was ich tue, tut anderen Menschen wirklich gut?* Was die meisten Leute am schnellsten dadurch erfahren, dass sie andere fragen. Gute Freundinnen und Freunde, Partnerinnen und Partner, Kolleginnen und Kollegen. Denn tatsächlich können viele gar nicht so leicht in Worte fassen, was ihr *High-Light* ist, das Licht, das auf einem Leuchter am meisten Leuchtkraft entfalten würde. Wenn ich es aber weiß, dann habe ich auf einmal eine ganz dezidierte Leitfrage: *Strahlt mein Licht für alle im Haus oder nur für eine kleine auserwählte Schar?*

Das Bild vom Licht auf dem Leuchter lässt sich nämlich ganz leicht übersetzen: »*Handle nur nach derjenigen Maxime, durch die du zugleich merkst, dass dein Strahlen den größtmöglichen Radius hat.*« Quasi ein kategorischer Luminativ. (Um Immanuel Kant ein wenig zu variieren.) Es ist eine fantastische Aufgabe herauszufinden, wie das in meinem Leben aussehen kann.

Wie die anderen Gleichnisse hat das *Gleichnis vom Licht unter dem Scheffel* natürlich auch eine spirituelle Komponente. Die fängt schon damit an, dass Worte wie *Licht* und *Lampe* in der Bibel ständig verwendet werden. Gott weist den Israeliten beim Auszug aus Ägypten nachts als leuchtende Feuersäule den Weg – und die Metapher vom *Hellwerden* durch die Gegenwart Gottes finden wir auch wiederholt. Licht gilt nicht nur als Zeichen der Hoffnung, sondern steht oftmals für Gott selbst. Übrigens auch im Johannesevangelium, in dem Jesus erklärt: »*Ich bin das Licht der Welt. Wer mir nachfolgt, der wird nicht wandeln in der Finsternis, sondern wird das Licht des Lebens haben.*« (8,12) Mit anderen Worten: Jesus, der Sohn Gottes, beendet nicht nur die Finsternis, sondern sorgt für Erleuchtung, dafür, dass Menschen ihr Leben als erleuchtet erfahren, als ein Leben, das strahlt, das ausstrahlt, das die Schatten des Daseins überwindet.

Und weil dem so ist, steht das Licht (auch in den Gleichnissen) zugleich für die Kraft des Glaubens. Das sagt Jesus zwar nicht explizit, das haben die Leute in den Erzählungen eines Rabbiners, also eines Geistlichen, aber jedes Mal mitgehört. Deshalb wurde unser Gleichnis lange Zeit auch so interpretiert, dass es darin vor allem darum ginge, im missionarischen Sinn den Glauben auszustrahlen. Sich nicht zu schämen, andere an dem »*Glaubenslicht*«, das man selbst empfangen hat, Anteil haben zu lassen. Dann würde die Bildersprache vor allem bedeuten: *Sei ein guter Botschafter der*

Liebe Jesu und sorge dafür, dass dein Leben die Liebe Gottes ausstrahlt. Was in diesem Gleichnis garantiert mit anklingt. Ich meine aber, dass wir es nicht darauf reduzieren sollten.

Noch eine letzte theologische Anmerkung: Als Jesus seinen Jüngern ankündigt, dass er am Kreuz würde sterben müssen, um die Welt zu erlösen, sind es seine Jünger, die ihm vehement widersprechen. Die ihn, um es mit den Motiven unseres Gleichnisses zu sagen, davon abhalten wollen, *»sein Licht leuchten zu lassen«*. Jesus bezeichnet Petrus sogar als »Satan«, weil der ihn so angeht. Weil der Jünger das Licht Gottes lieber hinter eine Bank stellen will, als es exponiert auf einem Leuchter, an einem Kreuz zu sehen.

Sprich: Manchmal sind es andere, die uns im Weg stehen, wenn wir unser Licht leuchten lassen wollen – und manchmal kann es auch gefährlich werden, sein Licht scheinen zu lassen. Trotzdem … und wir wissen ja schon, wie Jesus dazu sagt: *»Niemand ist so bescheuert und stellt ein Licht hinter eine Bank.«* In diesem Sinne: Lasst uns Lichtgestalten sein! Lasst uns entdecken, welches Licht in uns strahlt! Lasst uns dafür sorgen, dass es um uns herum hell wird!

4. Die anvertrauten Talente

Ein wohlhabender Mensch wollte verreisen und rief vorher drei seiner Mitarbeiter zu sich, um ihnen sein Vermögen anzuvertrauen: Dem einen gab er fünf Talente Silber, dem nächsten zwei und dem dritten eines – je nach ihren Voraussetzungen. Dann zog er los.

Der Mitarbeiter mit den fünf Talenten machte sich gleich an die Arbeit, setzte das ihm anvertraute Geld ein und verdoppelte dessen Wert. Genauso machte es der zweite. Nur der dritte verfuhr anders: Er grub ein Loch in die Erde und versteckte das Talent seines Chefs darin.

Nach einiger Zeit kam der Reisende zurück und forderte von seinen Mitarbeitern Rechenschaft. Da kam der erste, legte die fünf ursprünglichen und die fünf erarbeiteten Talente vor sich hin und sagte: »Du hast mir fünf Talente anvertraut, und ich habe fünf dazugewonnen.« Da sagte der Chef: »Großartig! Du bist ein guter und verantwortungsvoller Mitarbeiter. Ich werde dich befördern. Du bist mir eine richtige Freude.«

Da kam der zweite und sagte: »Du hast mir zwei Talente anvertraut, hier, schau, ich habe vier daraus gemacht.« Und wieder sagte der Chef: »Klasse! Du bist ein guter und verantwortungsvoller Mitarbeiter. Ich werde dich befördern. Du bist eine richtige Freude.«

Dann kam der dritte, derjenige, der ein Talent bekommen hatte, und sagte: »Chef, ich wusste, dass du ein knallharter Geschäftsmann bist. Da habe ich Angst bekommen und dein Geld sicherheitshalber vergraben. Hier hast du es zurück.« Da rief der Chef erbost: »Du bist schlecht, faul und verantwortungslos. Wenn du weißt, dass ich ein knallharter Geschäftsmann bin, dann hättest du das Geld doch wenigstens anlegen können. Dann hätte ich zumindest Zinsen bekommen.«

Und er sagte zu den Umstehenden: »Nehmt ihm das Talent wieder ab und gebt es dem, der zehn hat. Denn: Wer da hat, dem wird gegeben – wer aber nicht hat, dem wird auch das, was er hat, wieder genommen werden.«

Matthäusevangelium 25,14–29

Was für eine Geschichte! Eine, die an das *Gleichnis vom Licht unterm Scheffel* direkt anschließt, weil es auch bei den erwähnten *Talenten* darum geht, was ich aus dem mache, das jemand in meine Obhut gegeben hat? Allerdings – und das sage ich schon zu Beginn ganz offen – dieses Gleichnis ist zugleich und zuallererst eine Story vom Jüngsten Gericht.

Ja, im *Gleichnis von den anvertrauten Talenten* geht's ums Ganze: So wie die Mitarbeitenden des reichen Reisenden nach dessen Rückkehr über ihr Tun und Lassen Rechenschaft ablegen sollen, werden auch wir alle eines Tages Rechenschaft ablegen. Wobei es – meiner Meinung nach – gar nicht so entscheidend ist, ob wir uns dazu einen himmlischen Gerichtssaal mit Gott in weißem Gewand auf dem Richterstuhl vorstellen … oder ob wir ahnen, dass wir uns selbst auf dem Sterbebett als unsere eigenen Ankläger bang fragen werden: *»Haben wir eigentlich aus diesem Leben, das wir geschenkt bekommen haben, das Beste gemacht?«*

Klar ist erst mal: Ein reicher Mann verteilt üppig Kapital. Im griechischen Originaltext steht: *»Er gab ihnen von seinem Vermögen.«* Eine traumhafte Formulierung! Finde ich! Denn wenn der reiche Mann im Gleichnis (auch) für Gott steht, dann heißt das ja symbolisch gesprochen: Die drei Mitarbeiter (in denen wir uns alle widerspiegeln) bekommen etwas von Gottes Vermögen anvertraut: quasi ein Stück Himmel. Eine Portion Göttlichkeit. Mir gefällt diese Vorstellung: In jede und jeden von uns hat Gott ein Stück Himmel hineingelegt. In Sie und in mich! Geballten Segen. Und er lädt uns ein, diesen Himmel in uns zur Entfaltung zu bringen. Ein tolles Bild!

Dass die hier beschriebene antike Maß- und Münzeinheit »Talent« heißt, ist übrigens kein Zufall. Denn wir verdanken es diesem Gleichnis, dass wir das Wort »Talent« heute auch für Begabungen und Fähigkeiten nutzen. Ja, unsere Deutung des Begriffs stammt aus diesem Text! Weil die Menschen natürlich schon in der Antike ahnten, dass Jesus hier nicht einfach nur von Geld redet, sondern von all dem, was wir als Persönlichkeiten in die Wiege gelegt bekommen haben … besondere Charaktereigenschaften, herausragende Veranlagungen und individuelle Befähigungen – eben von unseren Talenten. Deswegen betont Jesus auch, dass die drei exemplarischen Mitarbeiter keineswegs alle das Gleiche erhalten. Jeder bekommt was Eigenes.

Trotzdem blieb den Zuhörenden erst mal die Spucke weg, als sie die Beträge hörten. Ein Talent entsprach etwa 6000 Drachmen – und eine Drachme war ein üblicher Tageslohn. Sprich: Selbst der dritte Mann bekommt umgerechnet ein Vermögen, mit dem ein Mensch mehr als 16 Jahre mit seiner Familie gut leben kann. Mit anderen Worten: Das, was der reiche Mann den Menschen anvertraut, ist wie ein 6er im Lotto (mit Zusatzzahl). Ist ein üppiger Schatz. Ist richtig kostbar. Kurz: Den Männern im Gleichnis – und auch Ihnen und mir – wird etwas sehr, sehr Wertvolles anvertraut, das wir niemals gering achten sollten. Unsere Talente sind ein einzigartiger Reichtum!

Doch nun fordert der Geldgeber sehr offen: *»Macht etwas aus diesen Vermögen!«* Luther benutzt dafür anfangs noch die Formulierung: *»Mit seinen Talenten wuchern.«* Sprich: Legt das, was euch gegeben wurde, gut an! Vermehrt es! Setzt es produktiv ein! Arbeitet damit!

Nun könnten wir intensiv darüber diskutieren, was das eigentlich für ein erstaunliches Gottesbild ist, das Jesus hier malt. Eines, in dem Gott öffentlich als *»knallharter Geschäftsmann«* bezeichnet wird. Ist Gott ein knallharter Geschäftsmann? Ich weiß es nicht. Aber ich weiß, dass ich als Vater alles dafür getan habe (und bis heute tue), dass meine Kinder ihre Begabungen optimal entfalten können. Damit sie mit den in ihnen angelegten *Talenten wuchern* können. Bin ich deswegen »knallhart«?

Obwohl: Es könnte sein, dass meine Kinder das gelegentlich gedacht haben. Zum Beispiel in mancher leidigen Klavierstunde, beim energisch eingeforderten Tanzunterricht oder bei gelegentlichen kritischen Nachfragen bezüglich ihres ausartenden Medienkonsums. Ich fand es trotzdem richtig, ihre Talente zu fördern … oder ihnen zumindest ans Herz zu legen, dass sie es selbst tun.

Jesus fasst all das in dem Bild des anvertrauten Vermögens zusammen und macht klar: Die von Gott gegebenen Talente bringen eine Verantwortung mit sich. Und zwar eine, in der jede und jeder für sich steht. Es geht hier um die oder den Einzelnen vor Gott – und um ihre oder seine individuelle Achtsamkeit für die eigene Existenz. Deshalb erleben wir im Gleichnis auch, dass die drei Mitarbeitenden einzeln nacheinander vor ihren Chef gerufen werden, um offenzulegen, wie sie jeweils mit ihren Talenten umgegangen sind. Was für eine Szene!

Der erste hat mit dem, was ihm anvertraut wurde, gut gearbeitet. Das war die zentrale Aussage, die damals alle gehört haben. Klar, war ja auch offensichtlich: 5 Talente hat er bekommen, 10 Talente gibt er zurück. Das Anvertraute verdoppelt: Klasse! Etwas salopp könnte man sagen: *»Der hat aus seinem Leben was gemacht.«* Und weil es eben nicht nur um Finanzen geht, dürfen wir auch fragen, was das eigentlich nach unserem Verständnis bedeutet: etwas aus seinem Leben gemacht haben.

Dass es Jesus dabei nicht um Erfolg, Besitz, Ansehen oder die größte Barbie-Sammlung Westeuropas geht, haben wir schon im *Gleichnis vom Licht unterm Scheffel* gesehen. Aber worum geht es dann? Nun, im Anschluss an diese Geschichte könnte ich zum Beispiel schreiben: *»Derjenige hat was aus seinem Leben, aus seinem Licht gemacht, der sein Licht nicht unter einen Scheffel gestellt, sondern es für andere Menschen hat scheinen lassen.«* Ein Mensch, der Liebe in die Welt gebracht hat – und zwar in all ihren Facetten. In Form von Hoffnung, Zuversicht, Trost, Weitsicht, Fröhlichkeit, Ehrlichkeit, Vertrauen, Beistand, Unterstützung oder einfach eines offenen Ohres in einem Moment der Traurigkeit.

Ich würde sogar ergänzen: Wenn ein Mensch das wunderbare Talent hat, andere zu ermutigen, dann ist jeder verzagte Mensch, der nach der Begegnung mit dem Ermutiger sein Leben beherzter in Angriff nimmt, eine *Verzinsung* dieses Talents. So wie jemand, der das Talent der Gastfreundschaft hat, dann mit seinem Talent klug arbeitet, wenn er öfters Menschen einlädt und ihnen das Gefühl schenkt, in dieser Gemeinschaft auf Zeit zuhause zu sein. Wie gesagt, das ist ja das Großartige an Gleichnissen: Sie laden uns ein, selbstständig zu schauen, was unsere Talente sind und wie wir sie einsetzen können.

Der Chef im Gleichnis jedenfalls feiert die beiden Angestellten, die mit ihren jeweiligen Talenten gearbeitet haben. Er lobt sie über den grünen Klee, verheißt ihnen eine berufliche Weiterentwicklung und betont nachdrücklich, dass ihm ein solches Verhalten eine riesige Freude ist. Und schon das ist ein starker Gedanke: Gott freut sich, wenn wir unsere Talente nicht brachliegen lassen, sondern sie sinnvoll investieren. Er feiert im Himmel ein Party und stößt auf uns an: *»Gut gemacht! Weiter so! Ein Grund zum Feiern.«*

Sympathisch finde ich auch: Die Lobeshymne auf den zweiten Angestellten ist im Originaltext fast wortgleich zu der des ersten. Weil für den Chef nicht die erreichten Summen und Werte im Fokus stehen, sondern die Einstellung: Auch der zweite Angestellte hat mit dem, was ihm anvertraut wurde, produktiv gearbeitet und es erfolgreich eingesetzt – so dass es Gewinn gebracht hat.

Deshalb ist die Reaktion des Chefs auch so harsch, als der dritte Mann auf einmal anfängt, rumzudrucksen und sich zu winden. Ja, mehr noch: Dieser Mitarbeiter appelliert ja nicht nur offen an das Mitgefühl des Vorgesetzten, er bezeichnet ihn auch – wie schon erwähnt – als *»knallharten Geschäftsmann«* und gibt ihm dadurch für den Verlauf des Geschehens zumindest eine Mitschuld: *»Wärst du nicht so ein knallharter Kerl, dann hätte ich garantiert anders gehandelt.«* Der dritte Angestellte versucht damit letztlich, die Verantwortung für sein Verhalten abzuwälzen. Kein kluger Schachzug.

Und tatsächlich benutzt der Chef in seiner Beurteilung das scharfe Wörtchen *»böse«*: Es ist schlecht, falsch, destruktiv, lebensverneinend, wenn jemand mit den ihm anvertrauten Talenten nichts Produktives anfängt, wenn er sie brachliegen lässt. Da hilft es auch nichts, dass der dritte *Knecht*, wie der Mann im Originaltext genannt wird, auf seine *Angst* hinweist. Denn es hätte ja eine risikofreie Alternative gegeben: Wäre das Geld bei Geldverleihern (den Vorläufern der Banken) angelegt worden, dann hätte es zumindest Zinsen gebracht.

So aber hat der Mann seine Talente vergraben – womit er ihre Möglichkeit, irgendwas in dieser Welt positiv zu verändern, blockiert hat. Womit er, wie gesagt, der Verantwortung für sein Leben nicht gerecht geworden ist. Weil, wie es der Volksmund ausdrückt: *Eigentum verpflichtet!*

Insofern lohnt es sich bei der Auseinandersetzung mit den eigenen Talenten meist auch zu schauen, welche Ängste oder Hindernisse mich davon abhalten, *»mit ihnen zu wuchern«*: Weiß ich einfach nicht, welche Begabungen ich habe, traue ich mir zu wenig zu, konzentriere ich mich zu sehr auf andere Dinge, weiß ich nicht, wie ich meine Talente entfalten könnte, oder mangelt es mir gefühlt an guten Gelegenheiten, sie einzusetzen?

Unterm Strich könnte man sagen: Dieses Gleichnis möchte wissen, was es bedeutet, seinem Leben gerecht zu werden. Wie ein Mensch seine Möglichkeiten zu Wirklichkeiten werden lassen kann. Wie ich – um im merkantilen Bild der Geldvermehrung zu bleiben – den größten Gewinn damit einfahre. Und natürlich ermutigt Jesus uns damit, eine Definition für »Gelingendes Leben« zu finden und eben unsere eigenen Talente zu entdecken und sie zu fördern.

In kirchlichen Kreisen gibt es übrigens schon seit vielen Jahren Kurse, die einladen, den eigenen Talenten auf die Spur zu kommen, sogenannte »Gaben-Seminare«. Und es ist jedes Mal überraschend, wenn Menschen auch noch mit 40, 50 oder 70 Jahren bei einem solchen Test (der meist mit zum Seminar gehört) entdecken, dass sie diese oder jene Begabung besitzen, derer sie sich gar nicht bewusst waren. Ein Freund hat mir erzählt, dass bei einem solchen Kurs eine über Siebzigjährige das für sie ziemlich verblüffende Ergebnis erhielt, sie habe herausragende Talente als Schauspielerin. Woraufhin diese Frau sich spontan einer Senioren-Theatergruppe anschloss, seither regelmäßig auf der Bühne steht … und sichtbar aufblüht. Weil sie das, was schon lange als *Vermögen des Himmels* in ihr angelegt war, endlich bewusst ausleben kann. Und nicht nur das: Sie macht mit ihren Aufführungen unglaublich viele Menschen glücklich.

Interessant ist noch, wann Jesus dieses Gleichnis erzählt: nämlich auf dem Weg nach Jerusalem, wo er wenig später am Kreuz hingerichtet werden wird. Somit klang für viele, die diese Geschichte hörten oder lasen, ein Gedanke sofort mit an: Der Chef, der seinen Untergebenen sein Vermögen anvertraut, steht auch für Jesus, der seinen Jüngerinnen und Jüngern sein Lebenswerk übergibt: *»Kümmert euch bitte um meine Gemeinschaft, meine Kirche. Ich lege sie in eure Hände. Und wenn ich wiederkomme, dann schauen wir, ob ihr das gut gemacht habt.«* Dadurch bekommt der Gedanke *»Ich habe aus 5 Talenten 10 gemacht«* auch eine Bedeutung für die Kirchenentwicklung: *Schau mal: Unsere Gemeinschaft ist erkennbar gewachsen.*

Diese Interpretation ist aber kein Gegensatz, sondern eher eine Ergänzung zur Deutung der »Talente«, weil ja auch ein Arbeiten an und mit dem Reich Gottes viel mit den jeweiligen Begabungen der Christinnen und Christen zu tun hat: Ein Mensch strahlt die Liebe Gottes dann am überzeugendsten aus, wenn er seine von Gott anvertrauten Fähigkeiten entfaltet und mit ihnen diese Liebe erfahrbar macht. Und wenn er dabei die Dimensionen des Reichs Gottes vor Augen hat: umso besser!

Ach ja, gelegentlich hadern Menschen ein wenig mit dem Schlusssatz des Gleichnisses: *»Wer da hat, dem wird gegeben – wer aber nicht hat, dem wird auch das, was er hat, wieder genommen werden.«* Ist damit etwa gemeint: *Die Reichen werden immer reicher und die*

Schere zwischen Arm und Reich geht weiter auf? Ist das Kapitalismus pur? Antwort: Nein! Weil es hier ja nicht um materielle Güter geht (das Geld im Gleichnis gehört nicht eine Sekunde lang denjenigen, die damit handeln), sondern um das Stück »Himmel«, das Gott in uns gelegt hat.

Außerdem ist ja sofort einsichtig: Jemand, der seine Begabungen und Talente entfaltet, wird dadurch selbst reicher und macht die Gesellschaft reicher, während jemand, der das nicht tut, am Ende (zumindest was die Verwirklichung seiner Möglichkeiten betrifft) leer ausgeht.

Schon rund sechs Jahrhunderte vor Jesus erzählt der Dichter Äsop eine Fabel, die diesen Aspekt ebenfalls zum Thema hat: *»Ein geiziger Mann vergräbt aus lauter Angst sein Vermögen auf einem Acker, schaut aber regelmäßig nach, ob noch alles da ist.*

Dabei wird er eines Tags beobachtet – woraufhin der Augenzeuge den Schatz klaut.

Da fängt der Geizige schrecklich an zu klagen, doch als er einem Wanderer erzählt, dass er seinen Schatz ja nie angerührt habe, sagt dieser: ›Dann leg doch einfach einen Stein an die Stelle. Der hat für dich den gleichen Wert.‹«

Die *Moral von der Geschicht'*: Anvertrautes Vermögen, das wir nicht nutzen, ist wertlos. So, wie es um jedes Talent schade ist, das wir brachliegen lassen. Deshalb gehört zu einem lebenslangen Lernprozess: Lasst uns sorgsam herausfinden, welche unserer Begabungen wir wie fördern und einsetzen können, wie wir mit ihnen »wuchern« können (um Luthers Formulierung noch einmal aufzugreifen). Weil wir dabei am besten zu den Menschen werden, die wir sein können.

5. Der verlorene Sohn

Ein Mann hatte zwei Söhne. Eines Tages sagte der jüngere: »Vater, bitte zahle mir mein Erbe vorab aus.« Das machte der Vater. Kurz darauf zog der Sohn in ein anderes Land und verprasste dort das Erbe in kürzester Zeit.

Als das Geld verbraucht war, kam auch noch eine Hungersnot über das Land … und der Sohn litt so sehr, dass er sich als Schweinehirte verdingen musste. Doch sein Hunger war weiterhin so groß, dass er in seiner Not sogar das Schweinefutter gefressen hätte – aber selbst das verwehrte man ihm.

Da erinnerte er sich: »Auch die einfachsten Arbeiter meines Vaters haben immer genug zu essen … und ich komme hier fast um. Ich werde zu meinem Vater zurückkehren und ihm sagen: ›Ich weiß, dass ich es nicht mehr verdiene, dein Sohn zu sein, weil ich gegen dich und gegen den Himmel gesündigt habe. Aber lass mich bitte wenigstens als Tagelöhner bei dir arbeiten.‹« So machte er sich auf den Heimweg.

Der Vater sah ihn schon von Weitem, und seine Gefühle überwältigten ihn. Er rannte los, fiel seinem Sohn um den Hals und küsste ihn. Dieser sagte, wie er es sich überlegt hatte: »Ich weiß, dass ich es nicht mehr verdiene, dein Sohn zu sein, weil ich gegen dich und gegen den Himmel gesündigt habe.«

Der Vater aber rief seinen Knechten zu: »Bringt frische Kleider und Schuhe, holt den Siegelring der Familie und lasst uns ein Kalb schlachten. Denn mein Sohn war tot und ist wieder lebendig geworden; er war verloren und ist wiedergefunden worden.« Da begann ein großes Fest.

Als später der ältere Sohn von der Arbeit nach Hause kam, hörte er schon von Weitem das Singen und Tanzen. Er fragte einen der Arbeiter, was denn los sei, und dieser erzählte ihm: »Dein Bruder ist gesund zurückgekommen. Deshalb hat dein Vater vor Freude ein Kalb geschlachtet.«

Da weigerte sich der Bruder wütend, zu den anderen zu gehen. Sein Vater lief zu ihm hinaus und bat ihn, doch hereinzukommen, aber der ältere Sohn schimpfte: »Ich habe all die Jahre treu für dich gearbeitet und nie was falsch gemacht – trotzdem hast du für mich nie so ein Fest gefeiert. Aber für ihn, der dein ganzes Geld durchgebracht hat, schlachtest du ein Kalb.«

Da erwiderte der Vater: »Du bist doch immer bei mir … und alles, was mir gehört, gehört auch dir. Aber heute solltest du dich freuen, denn dein Bruder war tot und ist wieder lebendig geworden, er war verloren und ist wieder da.«

Lukasevangelium 15,11–32

Das nenne ich mal eine Blockbuster-Story! Das bekannteste von Jesu Gleichnissen und womöglich eine der berühmtesten Erzählungen der Literaturgeschichte überhaupt: Die Geschichte von dem Sohn, der sein Leben in den Sand setzt und die bedingungslose Kraft der Vergebung erfährt. Eine Geschichte des Scheiterns und des Neuanfangs – und die einer ziemlich coolen Party. Wieder mal. Ganz großes Kino!

Das Gleichnis vom verlorenen Sohn gehört zu einer Parabel-Trilogie im 15. Kapitel des Lukasevangeliums, in der gefühlt dreimal die gleiche Geschichte erzählt wird. Was im Orient eine signifikante Bedeutung hat: Wenn dort etwas dreimal ausgesprochen wird, gilt es nämlich als besiegelt. Dann wird daran nicht mehr gerüttelt! Das ist wie eine notarielle Beglaubigung. Und die hier dreimal unterstrichene Botschaft lautet: *»Auch wenn etwas oder jemand verloren geht, kann es, sie oder er wiedergefunden werden.«* Und nicht nur das: Dieses Wiederfinden ist ein Grund, ausgelassen zu feiern. In einer der drei Parabeln wird sogar angedeutet, dass in solch einem Moment selbst die Engel im Himmel vor Freude jauchzen. Wow! Das stelle ich mir äußerst leidenschaftlich vor.

Schon wieder eine Riesenfreude? O ja. In den Gleichnissen wird viel gefeiert. Und viel gefreut. Obwohl diese Parabeltrilogie wirklich ans Eingemachte geht. Ich meine: Welcher Mensch kennt nicht das Gefühl des *Verloren-Seins*? Des *»Ich habe mich verloren«* oder *»Ich bin verloren«*? Frauen und Männer, denen es so geht, sagt Jesus gleich dreimal, damit es auch wirklich jede und jeder begreift: *»Verzweifle nicht. Auch für dein Leben gibt es einen Reset-Knopf … und Hoffnung … die Perspektive auf einen echten und radikalen Neubeginn.«*

Um diesen Gedanken auf ermutigende Weise zu seinen Zuhörerinnen und Zuhörern zu bringen, wählt Jesus drei sehr unterschiedliche, aber dennoch allen vertraute Settings: Ein Schaf geht verloren. Eine Münze geht verloren. Ein Sohn geht verloren. Wobei es ein kleines, aber feines Detail gibt, das alle drei Gleichnisse verbindet: Das Schaf ist eines von 100, die Münze ist eine von 10, der Sohn ist einer von Zweien. Es existieren also in jeder Geschichte weitere Beteiligte, die nicht verlorengehen – und die in einem charakteristischen Verhältnis zu dem jeweils Verlorenen stehen.

Das ist bedeutsam, weil Jesus seine Trilogie in einer Situation erzählt, in der ihm verschiedene Gruppen lautstark ankreiden, er würde sich zu sehr um die Randgruppen der Gesellschaft kümmern … sogar um diejenigen, die von anständigen Leuten als Outlaws und Sünder verachtet wurden: Prostituierte, Zöllner (die als Kollaborateure mit den Römern gedisst wurden), Aussätzige oder sogar Samariter, die als religiös Abtrünnige galten. Kurz und knapp lautete der Vorwurf: *»Warum hängt der Sohn Gottes eigentlich ständig mit diesem Gesocks rum?«*

Als Antwort und Erläuterung erzählt Jesus die *Gleichnisse vom Verlorenen* – die man auch die *Gleichnisse von den Verlorenen* nennen könnte, denn allen Beteiligten ist klar, dass die verlorenen Dinge für all die Menschen stehen, von denen einige meinen, für sie gäbe es keinen Neuanfang. *»Quatsch!«*, macht Jesus durch seine Erzählungen allen Beteiligten deutlich: Für jede und jeden gibt es die Chance, (von Gott) neu gefunden zu werden und wieder mitten im Leben zu stehen.

Schauen wir uns mal einige markante Motive an, die diese drei Gleichnisse verbinden. Erstens: Es geht etwas verloren. Wobei die vordringliche Perspektive hier nicht lautet: *Das Schaf ist verloren,* sondern *Das Schaf geht verloren.* Nämlich dem Hirten. So wie der Vater seinen Sohn verliert. Und wie! Ein Sohn, der sich das Erbe auszahlen ließ, löste sich ein für alle Mal aus dem Familienverbund. Er erklärte seine Eltern juristisch für tot und wollte mit der Sippschaft endgültig nichts mehr zu tun haben. Deshalb: Dieser Vater verliert seinen Sohn. Das ist eine Katastrophe. Eine Tragödie. Ein essenzieller Verlust für diesen Mann. Trotzdem steckt sogar in diesem Motiv noch ein Zuspruch: Jedes Schaf, jede Münze, jedes

Kind ist einzigartig. Und wenn ein Kind verloren geht, ist das (jetzt übertrage ich die Symbolik schon mal) auch für den Himmel ein grauenhaftes Desaster.

Darum ist das zweite prägende Motiv dieser Trilogie die Tatsache, dass sowohl der Hirte als auch die Frau mit dem Groschen sofort eine großangelegte Suchaktion starten. Sie setzen alle Hebel in Bewegung, um das Verlorene wiederzufinden. Der Hirte ist sogar bereit, seine anderen 99 Schafe zurückzulassen, nur um das eine zu finden. Jesus macht damit deutlich: Bei Gott gibt es eine bedingungslose Zuwendung zu allen *Verlorenen-Gegangenen.* Und Sie ahnen es schon: Das ist der Grund, warum auch er sich selbst so intensiv und leidenschaftlich um den vermeintlichen *Abschaum* der Gesellschaft kümmert.

An dieser Stelle wird aber auch deutlich, warum das *Gleichnis vom verlorenen Sohn* in der Trias eine Sonderstellung hat: Es erzählt seine Geschichte nämlich deutlich differenzierter. Zum Beispiel akzeptiert der Vater die Forderung seines Sohnes und rennt ihm nicht sofort hinterher: Wenn sein Sprössling ernsthaft meint, sich sein Erbe vorab auszahlen lassen zu müssen, dann darf er das frei entscheiden. Er wird zu nichts gezwungen – und dass seine Entscheidung grottendämlich war, merkt er ja an der weiteren Entwicklung selbst.

Trotzdem taucht auch hier das Motiv des aktiv Suchenden auf, weil der Vater als einer präsentiert wird, der nicht nur nach seinem Sohn Ausschau gehalten hat, sondern ihm sogar entgegenrennt. Ein Verhalten, das die damalige Zuhörerschaft vermutlich amüsiert und verwundert hat. Denn: Ein orientalischer Patriarch, ein würdiges Familienoberhaupt, macht vieles, aber nicht einem abtrünnigen, ehemaligen Sippenmitglied entgegenhüpfen. Das wäre ein Skandal. Eine Peinlichkeit. Dieser Vater macht es trotzdem. Er springt seinem Sohn freudestrahlend entgegen.

Dieser Impuls ist bedeutsam, weil es in allen drei Geschichten eben doch darum geht, dass die Verlorenen gefunden werden. Sie werden gefunden, weil es einen gibt, der sie sucht. Jemanden, dem sie etwas bedeuten. Und auch wenn der Sohn sein Handeln längst bereut, sich schon demütige Worte zurechtgelegt hat und sich aktiv auf den Heimweg macht, ist sein Hauptantrieb dabei sein Magen: *»Bei Vatern bekomme ich wenigstens was zu essen.«*

Deshalb ist auch hier das Familienoberhaupt letztlich der eigentlich Agierende: Er nimmt den Sohn – was der nie erwartet hätte – wieder als vollwertiges Familienmitglied in der Sippe auf und will auch die vorbereitete Entschuldigung gar nicht hören. Das Wiederfinden beendet das aus den Fugen (oder bei der Münze: in die Fugen) geratene Dasein der Verlorenen.

Und dann wird gefeiert! Der Hirte lädt direkt seine Freunde ein: *»Freut euch mit mir; denn ich habe mein Schaf gefunden, das verloren war.«* Die Frau ruft die gesamte Nachbarschaft zusammen: *»Freut euch mit mir; denn ich habe meinen Silbergroschen gefunden, den ich verloren hatte«* … und der Vater schlachtet das beste gemästete Kalb. Hoch die Tassen!

Doch die Feststimmung ist zumindest bei zweien der Feiern spürbar getrübt: Während der ältere Bruder des verlorenen Sohns definitiv keine Ambitionen hat, die Rückkehr des Erb-Verprassers lauthals zu bejubeln, wunderte sich die Zuhörerschaft beim Schaf-Gleichnis darüber, dass da ein Hirte ernsthaft 99 Schafe zurücklässt, um eines zu suchen. Ist das nicht ziemlich verantwortungslos?

Wieder sehen wir, dass es bei Gleichnissen nicht darum geht, jede erzählerische Facette zu erklären. Es geht um Prinzipien, die veranschaulicht werden sollen. Und das Prinzip lautet hier: *Lasst uns die Verlorenen nicht aus dem Blick verlieren.* Jesus verlässt an dieser Stelle sogar die narrative Gleichnis-Ebene, um das ein für alle Mal klarzustellen: *»Ich sage euch: So wird auch Freude im Himmel sein über einen Sünder, der Buße tut, mehr als über neunundneunzig Gerechte, die der Buße nicht bedürfen.«*

Genau das vermittelt der Vater auch dem älteren Bruder, wenn er erklärt: *»Dir hat es doch in der ganzen Zeit an nichts gefehlt, wäh-*

rend dein jüngerer Bruder in Not war.« Damit sind wir mitten in der Erzählsituation dieses Gleichnisses: Jesus redet hier ja – wie schon erwähnt – speziell zu den Pharisäern und Schriftgelehrten, die sich darüber aufregen, dass der Sohn Gottes ständig mit gescheiterten Existenzen zusammen feiert. Genauso, wie sich der Erstgeborene im Gleichnis darüber aufregt, dass sein Vater mit dem gescheiterten jüngeren Bruder feiert.

Ein erstaunlicher Neid! Einer, der nicht sehen will, was da Großartiges passiert ist: *»Dein Bruder war tot – und ist wieder lebendig geworden.«* Darüber müsste sich doch auch der Ältere freuen. Darüber müssten wir uns doch alle freuen. Oder nicht? Nun, die Pharisäer reagieren wie trotzige Kinder – oder wie Menschen in Kirchengemeinden, die ständig denken: *Die Pfarrerin oder der Pfarrer müsste vor allem für mich da sein und sich um meine Belange kümmern. Und wenn sie oder er das nicht tut, dann ist das ungerecht.*

Dieses Denkmuster bricht Jesus auf: Das Wichtigste für einen Hirten, eine Mutter oder einen Vater ist es, diejenigen zu finden, die verloren sind. Und jedes Elternteil, das schon einmal ein Kind auf der Kirmes oder im Bällebad bei IKEA verloren hat, weiß, dass in einem solchen Moment alles andere egal ist. Dass es dann nichts Bedeutenderes mehr gibt, als das verlorene Kind möglichst heil wiederzufinden. Und jede Mutter und jeder Vater wird – wie der Hirte im Gleichnis – sofort eine großangelegte Suchaktion starten. Und im Zweifelsfall die anderen Geschwister währenddessen mit Köttbullar oder Hotdogs ins Restaurant setzen.

Kurz und gut: Jesus vermittelt seiner Zuhörerschaft unmissverständlich, dass sein Umgang mit *Verlorenen* dem Wesen Gottes entspricht und keine Vernachlässigung scheinbar *anständigerer* Gruppen bedeutet. Im Gegenteil: Es wäre angebracht, dass diese anderen Gruppen sich mit ihm über jeden Menschen freuen, der die Chance für einen Neuanfang erhält. Lasst uns das zusammen feiern!

Einige Auslegerinnen und Ausleger gehen sogar noch einen Schritt weiter und betonen, dass die Botschaft der Gleichnis-Trilogie für das ganze Volk Israel gilt: Die Israeliten sind – so sehen es zumindest viele Propheten – im Lauf der Jahrhunderte nämlich auch verloren gegangen, könnten aber umkehren und sich von Gott neu finden lassen.

Insofern wird in das Gleichnis hier auch ein runderneuertes Gottesbild eingeflochten: *Stellt euch Gott bitte nicht mehr als böse oder zornig vor. Er ist ein suchender Vater.* Ein liebevoller Vater. Einer, der sich nach seinen *Kindern* sehnt. Einer, der jedem entgegenspringt, der das will. Einer, vor dem niemand Angst haben muss. Einer, der nichts lieber will, als uns in seine Arme zu schließen.

Darum ist es auch so wesentlich, dass der Vater, obwohl er im Gleichnis der Aktive ist, seinem Sohn auf Augenhöhe begegnet. Er gibt ihm den Siegelring der Familie zurück, zieht ihm neue Schuhe an (ein Zeichen seines Standes, weil Sklaven damals keine Schuhe trugen) und lässt kostbare Gewänder für ihn holen. Weil Vergebung, die aus Liebe geschieht, weder Buß-Akte braucht noch etwas nachträgt. Echte Vergebung sagt: *Es ist einfach alles wieder gut.* Der Sohn ist – nach all dem, was er Dummes gemacht hat und was ihm an Schrecklichem widerfahren ist – beim Vater einfach wieder *auferstanden.* Ihm wird nichts nachgetragen.

Kirchenväter wie Augustinus von Hippo haben früh bemerkt, dass sie sich sofort mit dem verlorenen Sohn identifizieren könnten. Wie vermutlich viele von uns. Weil allein das Wissen darum, dass ich auch nach den größten Niederlagen, den schrecklichsten Erfahrungen (und wie der Sohn als Schweinehirte um Schweinefraß betteln zu müssen, galt damals als größtmögliche aller Demütigungen), den traurigsten Verlusten, den tiefsten Ängsten und den verstörendsten Enttäuschungen glauben darf: *Irgendwo steht ein liebevoller Vater mit ausgebreiteten Armen, der mich wieder in den Arm nehmen möchte und den all das, was passiert ist, nicht davon abhält, mich hingebungsvoll zu lieben …* weil allein dieses Wissen ein unfassbarer Trost ist, ein Grund, mich von keinem Dunkel beherrschen zu lassen, sondern auf eine lichte Zukunft zu vertrauen.

Die Zusammenfassung dieses Gleichnisses, beziehungsweise der Gleichnis-Trilogie, lautet deshalb: *Im Reich Gottes sucht Gott die Verlorenen, nimmt sie wieder in seine Arme und feiert für sie ein Fest. Und das ganz ohne Vorbedingungen.* So, wie der jüngere Sohn vom Vater angenommen wird, ehe er überhaupt von Reue, Demut und Vergebung sprechen kann. Er, der gar nicht auf Vergebung hofft, erfährt sie – und bekommt mehr geschenkt, als er erwartet.

Bricht man diese Geschichte noch weiter herunter, dann ist sie Anspruch und Zuspruch in einem: Anspruch da, wo sie uns einlädt, dem eigenen Verloren-Sein nachzuspüren und zu entdecken, wo wir uns, unseren Lieben oder dem Himmel verloren gegangen sind – und Zuspruch da, wo wir von dem Vertrauen erfüllt sind, dass es nichts, aber auch gar nichts gibt, was uns von der Liebe Gottes trennen kann. Und dass Gott bei jedem Schritt, den wir auf ihn zugehen, jubelt: *»Heute solltest du dich freuen, denn ein Mensch war tot und ist wieder lebendig geworden, er war verloren und ist wieder da.«* Party!

6. Der barmherzige Samariter

Ein Mensch lief von Jerusalem hinunter nach Jericho und wurde auf dem Weg von Räubern überfallen. Die zogen ihm seine Kleider aus, schlugen brutal auf ihn ein – und ließen ihn halbtot zurück.

Zufälligerweise kam kurz darauf ein Priester vorbei. Doch der lief weiter, als er den Verletzten sah. Genauso machte es ein Tempeldiener, der den Mann beim Vorübergehen am Boden liegen sah.

Ein Samariter aber, der gerade auf einer größeren Reise war, bemerkte den Verletzten und wurde von dessen Situation berührt. Er versorgte die Wunden des Mannes, desinfizierte sie und verband sie.

Dann setzte er den Überfallenen auf sein Tier und brachte ihn in einer Herberge unter. Zudem gab er dem Wirt am nächsten Morgen zwei Denare und sagte: »Kümmere dich bitte um ihn. Und wenn du weitere Unkosten hast, erstatte ich sie dir, sobald ich zurückkomme.«

Lukasevangelium 10,30–35

Diese wilde Räuberpistole ist als Ganzes die Antwort Jesu auf die ernstgemeinte Frage eines Gesetzeslehrers: *»Wer ist mein Nächster?«* Eigentlich eine komische Frage, oder? Aber wenn eine der Kernaussagen der Bibel lautet: *»Du sollst Gott lieben mit ganzem Herzen, ganzer Seele und all deiner Kraft – und deinen Nächsten wie dich selbst!«* (Markusevangelium 12,30–31) … dann kann es ja nicht schaden, mal darüber nachzudenken, wer denn überhaupt meine Nächste oder mein Nächster ist. Trotzdem würden die meisten im Christentum aufgewachsenen Frauen und Männer darauf natürlich brav antworten: *»Na, jede und jeder!«*

Aber mal ehrlich: Wer lebt das denn? In der Regel teilen wir die Menschen um uns herum doch ein: in diejenigen, denen wir uns nah fühlen und diejenigen, die uns eher fremd sind. Und wir denken beim Wort *Nächster* vermutlich nicht als Erstes an Rechtsradikale, Querdenkerinnen, Hater oder unsere bescheuerte Nachbarin, die ihre hässlichen Geranien zu uns herüberwuchern lässt. Also: Wer bitte ist meine Nächste, mein Nächster?

Jesus wird das von einem Gelehrten gefragt, der ursprünglich wissen will, wie man das ewige Leben erhält … woraufhin der Wanderprediger mit ihm über das gerade zitierte Doppelgebot der Liebe diskutiert und hinzufügt: *»Wenn du das umsetzt, bist du auf dem richtigen Weg.«* Aha, wenn ich meine Nächsten liebe, ist das quasi so was wie ein *Safe the date* für den Himmel. Und genau deshalb möchte der Fragende zu gerne wissen, was das genau bedeutet: *»Liebe deine Nächsten!«*

Dazu kommt: So wie wir im Kopf selektieren, dachten die Frauen und Männer in Israel beim Doppelgebot der Liebe zuerst einmal ausschließlich an Israelitinnen und Israeliten. Die Schwestern und Brüder ihres Volkes. Schon deshalb, weil ein anständiger Jude nach den geltenden Reinheitsgeboten das Haus von Nichtjuden ja gar nicht betreten durfte. Aber wie gesagt: Eine solche Trennung zwischen den wahren »Nächsten« und den anderen machen wir vermutlich alle. Das aber heißt in seiner grausamsten Konsequenz:

Man kann den Satz *Liebe deinen Nächsten* auch absolut lieblos interpretieren und leben … indem man kurzerhand nur diejenigen zu Nächsten erklärt, die einem gerade gelegen kommen.

Um diese Problematik geht es im *Gleichnis vom Barmherzigen Samariter,* das gerne als Beispielerzählung bezeichnet wird, weil es – anders als andere Gleichnisse Jesu – kein alltägliches Geschehen beschreibt, sondern einen echten Krimi; auch wenn die Menschen der Region natürlich wussten, wie gefährlich es sein kann, diesen steinigen Gebirgspfad allein zu begehen. Na ja, immerhin sind nach dem hier vorgestellten »Tatort« bis heute mehrere gemeinnützige Organisationen benannt: vom deutschen *Arbeiter-Samariter-Bund* bis zur internationalen Hilfsorganisation *Samaritan's Purse.*

Schauen wir uns das mal etwas genauer an. Der Weg von Jerusalem nach Jericho war schon in der Antike legendär. Nicht nur, weil er Teil der Haupthandelsroute zwischen Asien und Afrika war, sondern vor allem, weil die Bergstraße innerhalb von 27 Kilometern einen Höhenunterschied von 1200 Meter Höhe bewältigen musste: von der Hauptstadt in 800 Metern Höhe in die Oase Jericho, die 400 Meter unter dem Meeresspiegel liegt.

Zudem waren die schmalen Seitentäler entlang der Strecke (die großenteils durch trockene Wadis verlief) ein wahres Paradies für Räuber, Schmuggler und Wegelagerer. Die konnten blitzschnell zuschlagen und sich ebenso schnell wieder zurückziehen. Und genau das erlebt ein einzelner Reisender, von dem wir nicht einmal wissen, ob er überhaupt ein Jude oder ein Andersgläubiger war … es war einfach ein Mensch. Und der bleibt – nachdem ihn die Verbrecher ausgeraubt haben, schwer verletzt auf der Straße liegen. Halbtot.

Das alles ist aber nur der *Establishing Shot,* wie es beim Film heißt: das Bild, das uns die Szenerie vor Augen malen möchte. Die eigentliche Handlung beginnt erst jetzt: Ein Priester taucht auf. Der sieht den Mann am Boden liegen … und ich stelle mir vor, dass er einen kurzen Moment stehen bleibt und überlegt: *»Moment mal! Ich bin ein Priester. Ich unterliege besonderen Reinheitsvorschriften. Wenn ich mit dem Blut des Mannes in Kontakt komme oder er schon tot ist, dann gelte ich mehrere Tage als verunreinigt und kann meinen Dienst im Tempel nicht antreten. Und wer weiß: Vielleicht sind die Räuber ja noch in der Nähe. Das Risiko ist mir zu groß.«*

Gut, vielleicht war der Priester auch nur ein widerlicher Egoist, das wissen wir nicht. Tatsache ist: Er überlässt den Schwerverletzten seinem Schicksal. Und auch für einen kurz darauf vorbeieilenden Tempeldiener, einen Leviten, gilt, dass in ihm womöglich zwei Gebote gegeneinander kämpfen, nämlich das der Nächstenliebe und das der Reinheit. Er entscheidet sich ebenfalls, dem Sterbenden nicht zu Hilfe zu eilen. Ganz übel!

Umso bedeutender ist das, was Jesus über den nun erscheinenden Samariter sagt – meines Erachtens der wichtigste Satz des ganzen Gleichnisses: *»Er wurde berührt.«* Das griechische Wort, das da im Lukasevangelium steht, bedeutet *Es fuhr ihm in die Eingeweide.* Wir würden eher übersetzen: *Es ging ihm zu Herzen.* Und damit sind wir im Zentrum der Geschichte. Es geht nämlich um die Frage: Wer oder was geht uns zu Herzen?

Die Menschen, die diese Geschichte hörten, konnten darüber vermutlich gar nicht sofort nachdenken, weil sie erst einmal schockiert waren. Fassungslos. Entrüstet. Was? Der Retter … ein Samariter? Nein! Das kann ja wohl nicht wahr sein. Samariter galten in Israel nämlich als Abtrünnige! Volksverräter! Die hatten sich ein eigenes jüdisches Heiligtum auf dem Berg Garizim gebaut und wurden dafür regelmäßig in den jüdischen Gottesdiensten verflucht. Ja, Samariter waren für viele Israelitinnen und Israeliten nur eines: nämlich widerliches Geschmeiß.

Tatsächlich machte der Weg von Jerusalem nach Jericho sogar einen unnötigen Bogen, weil er sonst ein Stück durch Samaria geführt hätte. Dass Jesus ernsthaft einen solchen Outlaw zum Helden seiner Geschichte macht, fühlte sich für die Leute jener Zeit ein bisschen so an, als würde heute jemand im Vorabendprogramm der ARD erzählen: *Der Einzige, der der notleidenden Frau geholfen hat, war ein verurteilter Kinderschänder!* Nee, so gehen gute Geschichten nicht aus. Oder doch?

Zumindest leistet dieser Samariter nicht nur Erste Hilfe (und rettet dem Verletzten damit das Leben) – er sorgt auch für die passende Nachsorge, indem er dem Wirt eines Gasthauses Geld für die Betreuung des Kranken gibt und sich bereiterklärt, anfallende Unkosten komplett zu übernehmen. Ja, er kündigt sogar an, auf dem Rückweg noch einmal vorbeizukommen, um nach dem Rechten zu sehen und weitere Maßnahmen zu bezahlen.

Am Ende der Geschichte stellt Jesus seinem Gesprächspartner dann eine Frage, bei der es sich lohnt, sehr genau auf die Formulierung zu achten: *»Wer von den Dreien ist dem Überfallenen ein Nächster geworden?«* Haben Sie's bemerkt? Jesus dreht das Subjekt-Objekt-Verhältnis fröhlich um. Nicht *»Wer ist mein Nächster?«*, sondern *»Wem werde ich zum Nächsten?«*

Wer mein Nächster ist, das definiert sich nicht über die andere Person, sondern über mich. Ich entscheide, wem ich diesen Status gebe. Denn: *Der ist mein Nächster, den ich zu meinem Nächsten mache!* Die Person, von der ich mich – wie der Samariter – berühren lasse, deren Schicksal mir *in die Eingeweide fährt*. Und diese Neuinterpretation der *Nächsten* ist natürlich sofort auch eine leidenschaftliche Aufforderung: Was muss in und mit uns passieren, damit wir uns von (möglichst vielen) anderen Menschen berühren lassen? Was muss sich dafür an unserer Haltung ändern?

Eines ist jedenfalls klar: Der Priester und der Levit werden dem Schwerverletzten nicht zum Nächsten. Egal, ob dieser ein Jude ist oder nicht. Sie sind sich selbst wichtiger als das Opfer. Und das ist für Jesus auf jeden Fall die Negativ-Folie. Der Samariter dagegen, den die jüdische Zuhörerschaft ihrerseits gar nicht als einen Nächsten angesehen hätte, wird dem Überfallenen zum Nächsten.

Und natürlich spielt es eine Rolle, dass die beiden Lieblosen hier Vertreter des religiösen Establishments sind: Sie demonstrieren das Verhalten von Menschen, die zwar geistliche Ämter innehaben, aber die Liebe Gottes, um die es ja im Judentum wie im Christentum geht, nicht umsetzen. Was selbst dann gilt, wenn man ihnen zugutehält, dass sie möglicherweise in einem Gewissenskonflikt waren, weil sie Angst hatten, sich zu verunreinigen. Deshalb erzählt das Gleichnis unterschwellig auch davon, dass es – wenn ein Mensch in Not ist – überhaupt keine Option ist, nicht zu helfen … und sei diese auch noch so geistlich begründet.

Die sind meine Nächsten, denen ich zum Nächsten werde: Diese Kernaussage des Gleichnisses ist wichtig, weil sie mir (wieder mal) Verantwortung überträgt. Es geht nicht nur darum, dass ich helfe, wenn ich zufällig in der Nähe von Hilfsbedürftigen bin, sondern auch darum, dass ich achtsam durchs Leben gehe und das Leid der Menschen, das Leid der Schöpfung, das Leid der Gesellschaft wahrnehme. Eine solche Haltung der Aufmerksamkeit sorgt dann auch dafür, dass ich die Menschheit nicht einfach in Gut und Böse einteile, in diejenigen, die ich mag, und diejenigen, die ich eben nicht mag, in Good-Guys und Bad-Guys, sondern dass sich meine *Ich-werde-ein-Nächster-Haltung* völlig unabhängig von irgendwelchen Sympathien oder Eigeninteressen entwickelt.

Klingt herausfordernd. Und ist es auch. Doch die implizite Aufforderung Jesu: *»Werde eine Nächste, ein Nächster!«* durchzieht ja seine gesamte Verkündigung und mündet in der ultimativen Zumutung: *»Liebt eure Feinde; tut denen Gutes, die euch verachten; segnet diejenigen, die euch verfluchen; bittet für die, die euch beleidigen.«* (Lukasevangelium 6,27f.) Wie gesagt: harte Kost. Aber die konsequente Umsetzung einer Nächstenliebe, die nicht die Würdigkeit der anderen, sondern allein meine liebevolle Einstellung zum Maßstab nimmt.

Das ist deshalb so bedeutend, weil Jesus immer wieder hervorhebt, dass die Liebe zu Gott als Erstes in der Liebe zu den Menschen konkret wird. Ja, Jesus hebt mehrfach hervor: *»Daran sollen die Leute erkennen, dass ihr meine Jünger seid: Dass ihr einander liebt.«* Beim christlichen Glauben geht es nicht ums Reden, um ein Für-wahr-Halten oder das richtige Bekenntnis, sondern allein ums Handeln. Und während der Priester und der Levit sicher im Tempel viele liturgisch richtige Dinge zelebrieren, drücken sie sich in der brenzligen Situation auf der Straße vor dem Tun. Der Samariter dagegen agiert einfach. Weil nur derjenige ein Nächster sein kann, der handelt. Mit anderen Worten: Alle Diskussionen darüber, wie man den Begriff *»Nächste«* definiert, sind nur dann sinnvoll, wenn sie zu einer Verhaltensänderung führen.

Ein solches liebevolles Tun, das versucht, auf einer den Menschen zugewandten Haltung zu gründen, gehört schon seit Jahrtausenden zur sogenannten *Imitatio Dei* – der Einladung, sich als Mensch so zu verhalten, wie Gott es tut. Und der ist nun mal voller Liebe. Oder wie es im Johannesevangelium heißt: *»So sehr hat Gott die Welt geliebt, dass er seinen einzigen Sohn hingab, damit alle, die an ihn glauben, das ewige Leben haben.«* (Johannes 3,16)

Wenn wir das *Gleichnis vom barmherzigen Samariter* unter diesem Aspekt betrachten, dann redet es natürlich auch über Gott: So, wie der Samariter selbstlos und aufopferungsvoll bereit ist, dem Verletzten zu helfen, so kümmert sich Gott um die Menschen, seine Geschöpfe. Weil sie ihn berühren … weil er sich von ihnen berühren lässt. Mehr noch: Immer wieder haben Interpretinnen und Interpreten darauf hingewiesen, dass der Samariter am Ende dem Wirt sogar den Preis für die Heilung bezahlt. Was man als einen Hinweis darauf sehen kann, dass Jesus am Kreuz durch seinen Tod den Preis für unsere Verletzungen und Verwundungen bezahlt hat.

Im Mittelalter gab es sogar die Überlegung, ob das Gleichnis nicht als Ganzes ein Stück Weltgeschichte allegorisch zusammenfassen will. Dann wäre der Mensch auf dem Weg nach Jericho die Menschheit auf dem Weg ins Paradies. Der Priester stünde für die Gesetzestexte der jüdischen Bibel, deren Regeln aber nicht das Heil brachten, während der Levit für die Propheten steht, die ebenfalls keine Umkehr des Volkes erreichen konnten. Und siehe da: Dann wäre Jesus der Samariter – ein scheinbar Unwürdiger –, der der verletzten Menschheit das Heil bringt. Ob Jesus beim Erzählen dieses Gleichnisses wahrhaftig eine so allumfassende Deutung im Hinterkopf hatte? Keine Ahnung. Vermutlich nicht. Aber eine derartige historische Auslegung kann manchmal trotzdem anregen, die tieferen Schichten einer Geschichte besser zu verstehen und zu ergründen.

Was mag der Gesetzeslehrer, der von Jesus wissen wollte, wie das mit den Nächsten ist, damals gedacht haben, als ihm auf einmal diese Geschichte erzählt wurde? Ein studierter Mann, der wie der Priester und der Levit zur geistlichen Oberschicht Israels gehörte? Was hat er abends seiner Familie über die Begegnung mit diesem erstaunlichen Rabbi erzählt … und über dessen Vorabend-Krimi?

Hoffentlich das, was das Gleichnis auch uns heute noch erzählt: Nächstenliebe beginnt da, wo ich Menschen zu meinen Nächsten mache – unabhängig davon, wie nah sie mir sonst sind. Nächstenliebe beginnt da, wo ich mich berühren lasse von den Schicksalen anderer Personen. Nächstenliebe beginnt da, wo ich aktiv die Nöte der Welt wahrnehme. Und sie wird da real, wo aus diesen Einstellungen Taten werden. Konkrete Handlungen, die anderen helfen, heil zu werden.

Und das ist nichts anderes als ein Bild für den Himmel auf Erden: Eine Welt, in der alle Lust bekommen, Nächstenliebe im Sinne eines *Sich-berühren-Lassens* zu leben. Und in der sie zugleich wissen: Egal, wann und wo ich auf meinem Weg ins Straucheln gerate oder unter die Räuber falle – es wird eine oder einer kommen, der oder die mich zum Nächsten macht. Wenn ich das weiß, kann ich getrost von Jerusalem nach Jericho ziehen. In die Oase, in der es so leckeren Palmschnaps gibt.

7. Der Sämann

Aufgepasst – hört gut zu! Stellt euch einen Sämann vor, der aufs Feld ging, um zu säen.

Dabei passierte Folgendes: Ein Teil der Saat fiel auf den Weg. Da kamen Vögel und fraßen die Körner auf.

Ein anderer Teil fiel auf felsigen Grund mit wenig fruchtbarer Erde. Dort ging die Saat zwar schnell auf, doch als die Sonne kam, verbrannte das Korn – weil es keine tiefen Wurzeln hatte.

Ein weiterer Teil fiel unter Dornen und wurde von den Pflanzen so erstickt, dass die Saat keine Frucht bringen konnte.

Einiges aber fiel auf fruchtbare Erde – wuchs, ging auf, und trug viel Frucht – manche Saatkörner brachten das Dreißigfache, einige das Sechzigfache und manche sogar das Hundertfache an Ertrag.

Und Jesus fügte hinzu: »Wer Ohren hat, um zu hören, der sollte auch hören.«

Markusevangelium 4,3–9

Haben Sie schon mal was von MBTI, DISG, Big Five oder dem Enneagramm gehört? Das sind Konzepte, mit denen Menschen herausfinden können, welche Persönlichkeitstypen sie sind. Also: *eher introvertiert oder extrovertiert, kreativ-chaotisch oder organisiert, eher Abenteurerin oder auf Sicherheit bedacht?* Weil eine Person, die ihre Charaktereigenschaften kennt, ihr Verhalten natürlich besser verstehen und mit den eigenen Stärken und Schwächen bewusster und womöglich auch barmherziger umgehen kann. Lohnt sich!

Offensichtlich gibt es viele Menschen, die solche Typologien lieben, sonst wären ja in gewissen Zeitschriften nicht ständig so ultraseriöse Tests zu lässigen Themen wie *»Handle ich entschlossen?«*, *»Welches Raubtier steckt in mir?«* oder *»Bin ich ein leidenschaftlicher Liebhaber?«* (Nebenbei: Ich habe diese Tests alle gemacht, sag aber nicht, was dabei rausgekommen ist.) Wichtig für uns ist: Diese Lust, der eigenen Persönlichkeit nachzuspüren, gab es offensichtlich auch schon in der Antike.

Ich habe das nicht überprüft, aber es könnte sein, dass das *Gleichnis vom Sämann*, das in drei von vier Evangelien erzählt wird, der erste Persönlichkeitstypen-Test der Weltgeschichte ist. Jesus stellt nämlich in seiner kleinen Geschichte, die er von einem Boot aus einer großen Menschenmenge erzählt, vier verschiedene Charaktere vor, vier sehr unterschiedliche Arten und Weisen, mit dem Leben umzugehen.

Und wie bei keinem anderen Gleichnis weist Jesus die gestrandeten Zuschauerinnen und Zuschauer am Anfang und am Ende seiner Worte darauf hin, dass alle bitte ganz genau zuhören und sich anschließend ihre Gedanken machen sollen. Er beginnt mit den motivierenden Worten *»Aufgepasst – hört gut zu!«* und endet mit *»Wer Ohren hat, um zu hören, der sollte auch hören!«* Ins Neudeutsche übersetzt, heißt das: *»Diese Story hat euch was zu sagen. Also denkt bitte drüber nach.«*

Ein kleiner Trost dabei ist: Die Geschichte vom Sämann ist das einzige Gleichnis, bei dem sich die Jünger anschließend beschweren: *»Hä! Das haben nicht mal wir kapiert. Was wolltest du uns denn damit sagen?«* Also: Wem sich die Bildsprache beim ersten Lesen nicht sofort erschlossen hat, der bleibe ganz entspannt – sie oder er ist in bester Gesellschaft.

Noch lustiger finde ich, dass Jesus seinen Jüngerinnen und Jüngern als Erklärung für ihre Begriffsstutzigkeit Folgendes auftischt: *»Euch ist das Geheimnis der Gottesherrschaft gegeben. Denen aber, die da draußen sind, wird alles zum Gleichnis, damit sie sehend sehen, ohne einzusehen, und hörend hören, ohne zu verstehen, damit sie nicht umkehren und ihnen vergeben werde.«* Einen theologischen Konsens über die Bedeutung dieser kryptischen Worte gibt's bis heute nicht. Dafür liefert Jesus kurz darauf tatsächlich eine Deutung seines Gleichnisses. Aber: Schritt für Schritt.

Worum geht's? Jesus erzählt von einem Sämann, der seine Saat aussät. Perfekt: wieder mal ein sehr vertrautes Bild für alle Anwesenden. Und auch die Konsequenzen kannte jede und jeder: Natürlich klappt das mit dem Aussäen mal besser und mal schlechter … je nach Qualität des Bodens. Dennoch war auch in diesem Fall allen klar, dass die Rede Jesu kein Tutorial für Agrar-Azubis sein soll. Umso verwirrender, dass seine Bildsprache wahrhaft diffus ist. Denn: Wer ist denn hier der Säende? Was ist die Saat? Und um welche Frucht handelt es sich?

Gut, die Menschen wussten, dass in ihrer Region vor allem Weizen und Gerste angebaut wird. Trotzdem ging es den meisten vermutlich erst mal wie der Jüngerschar: Sie hatten keinen blassen Dunst, wovon Jesus überhaupt redet. Obwohl: Aufgehorcht haben sie garantiert, als ihr Rabbi auf dem Boot von einer 100-fachen Frucht sprach. Hallo!? Hundertfach? In der modernen Agrartechnik unserer Zeit gilt das 30–40-fache der Aussaat als gute Ernte, im antiken Israel war vermutlich schon das 10–15-fache ein großer Erfolg. Aber das 100-fache? Das war ein Traum, eine Sensation, ein himmlisches Ergebnis. Spätestens jetzt verstanden alle Anwesenden, dass es in diesem Gleichnis auch um göttliche Dimensionen ging. Das 100-fache! Alter!

Auf der Bildebene bleibt Jesus dennoch auf dem Boden der Tatsachen, beziehungsweise auf dem Acker und seiner Umgebung: Da gibt es Wege – und die Saat, die dorthin fällt, wird von Vögeln gefressen. Da gibt es felsigen Boden – auf dem die Saat zwar aufgeht, aber in der Sonne verbrennt, weil sie keine tiefen Wurzeln hat. Da gibt es Dornenbüsche – zwischen denen die Saat sogar richtig sprossen kann, dann aber erdrückt wird. Und es gibt fruchtbaren Boden – auf dem die Saat blühen und gedeihen kann und reichlich Ertrag bringt.

Jetzt geht es darum, diese Bilder auf uns zu übertragen. Kurz gesagt: Stünde die Geschichte in einer aktuellen Illustrierten, dann lautete die dazugehörige Persönlichkeitsfrage womöglich: *Was für ein Boden bin ich?* Oder ein wenig intellektueller: *Wie gehe ich mit Erkenntnissen um, die mir helfen könnten, erfolgreich zu leben?* Oder deutlich theologischer – und so lautet auch die spätere Erläuterung Jesu: *Wie reagiere ich auf das Evangelium, die gute Botschaft von der Liebe Gottes?*

Gehen wir die vier bodenständigen Typen aus dem *Gleichnis vom Sämann* mal durch und schauen, wie sie auf Angebote, ihr Leben zu entfalten, reagieren.

Persönlichkeit 1 ist der oder die *Unbekümmerte*. Sie lässt alles, was sie zum Aufblühen bringen könnte, an sich abperlen. Geistlich heißt das: Die Liebe Gottes kommt nicht an sie ran. Sie glaubt auch nicht, dass sie Unterstützung braucht. Das bedeutet meist: Von dem, was in ihr angelegt ist, kann sich wenig entfalten – und wie wichtig Jesus das ist, haben wir in den Gleichnissen *Von den anvertrauten Talenten* und vom *Licht unterm Scheffel* ja gehört. Besonders traurig dabei ist: Wenn ein Mensch weder in einer Weltanschauung verwurzelt ist noch seine Möglichkeiten entfaltet, dann ist er ein leichtes Opfer für alle, die ihn vereinnahmen wollen. Salopp gesagt: *Finde dich selbst, sonst tut's ein anderer!*

Das Motiv der Vögel, die die Saat auf dem Weg einfach auffressen, ist deshalb sehr eindrücklich: Wenn dich nichts im Leben hält und deine Persönlichkeit sich nicht entfaltet hat, dann kann jede und jeder mit dir machen, was er will. So, dass du dabei draufgehst. Kein Wunder, dass Jesus in seiner Erklärung sagt: Bei solchen Menschen kommt irgendwann das Böse und vernichtet sie.

Persönlichkeit 2 ist der oder die *Oberflächliche*. Sie nimmt mit, was sie kriegt. In diesem Fall ein bisschen Erde, die genügt, um zumindest ein paar Wurzeln auszutreiben. So jemand lässt das Leben zwar an sich ran, aber nicht in die Tiefe: Auch für diese Persönlichkeit kann es anregend sein, sich für die Ideen Jesu zu begeistern. Jesus sagt ja sogar: *»Diese Saat geht schnell auf!«* Und vermutlich kennen wir alle Menschen, die sich eine Zeitlang enthusiastisch für den Glauben, eine bestimmte Kirchengemeinde oder ein Projekt engagieren. Probleme entstehen bei solchen Leuten dann, wenn es mal Probleme gibt.

Auch hier ist das Bild des Gleichnisses stark: Was passiert, wenn die Sonne anfängt zu brennen? Wenn es heiß und unangenehm wird, wenn es zu Konflikten in der Gemeinschaft kommt … dann verbrennt diese Saat, weil sie nicht tief genug gewurzelt hat. Jesu Interpretation geht sogar noch einen Schritt weiter und verweist auf die Verfolgungen, denen die frühen Christinnen und Christen ausgesetzt sein werden: Was passiert, wenn sich mein Glaube bewähren muss? Die Oberflächlichen verbrennen dann, weil die Liebe sie nicht wirklich ergriffen hat.

Persönlichkeit 3 ist der oder die *Abgelenkte*. Sie findet die Sache mit dem Glauben prinzipiell richtig gut, lässt sich von der Liebe Gottes auch berühren und fängt im besten Sinne an, sich und ihre

Fähigkeiten zu entwickeln. Da blüht was auf! Da geht was in die richtige Richtung. Doch dann kann die junge Pflanze sich nicht weiter entfalten, weil sie von außen bedrängt wird. Weil äußere Faktoren auf einmal bedeutender zu sein scheinen. Plötzlich sind Fragen wie *Was dient meiner Karriere? – Wie bekomme ich mehr Einfluss?* oder *Warum werden mir bestimmte Lebensträume nicht erfüllt?* so präsent, dass die Persönlichkeitsentwicklung nicht mehr im Mittelpunkt des Denkens steht und vernachlässigt wird.

Und dann? Dann ersticken die Dornen die so vielversprechende Pflanze, aus der etwas Fantastisches hätte werden können. Für Jesus sind diese Dornen die Sorgen, die Begierden und die Ablenkungen in unserem Leben, die dazu beitragen, dass die Saat nicht aufgehen kann. Solche Typen haben die Liebe Gottes zwar erfahren, verlieren sie aber irgendwann wieder aus den Augen. Schade.

Persönlichkeit 4 ist der oder die *Erblühte*. Sie hat entdeckt, dass die Liebe Gottes das Beste ist, was ihr passieren kann – und dass diese Liebe ihr hilft, ihre Persönlichkeit optimal zu entwickeln. So, dass ihr Leben Früchte trägt. Wobei Jesus an anderer Stelle betont, dass das Markante bei einer Saat ja ist, dass das Weizenkorn in der Erde stirbt, damit es Ertrag hervorbringen kann. Es geht also auch in diesem Gleichnis nicht um Selbstoptimierung, sondern um die Wirkungen eines Lebens nach außen. Wer sein Leben in fruchtbarer Erde verwurzelt, erfährt, dass sein Dasein nicht nur – wie in der Bauernwelt damals üblich – das 15-fache an Frucht bringt, sondern alle Erwartungen übertreffen kann. Eine Traum-Bilanz!

Nebenbei: Auch hier klingt zumindest die Option einer Party an. Denn jeder Farmer, der eine 100-fache Ernte eingefahren hätte, würde sofort ein üppiges Hoffest starten und den halben Ort dazu einladen. Ich sage mal so: Am Ende eines Lebens sagen zu können *Durch mich haben hundert Menschen Heil erfahren* wäre schon eine tolle Bilanz. Wobei es – wie gesagt – darum geht, dass durch ein solches Leben die Liebe erfahrbar wird.

Verblüffend finde ich, dass die Rahmenhandlung dieser Geschichte genau von dem handelt, was das Gleichnis selbst beschreibt: Es geht darum, ob und wie ein Mensch die Liebe Gottes an sich heran und in sich aufgehen lässt – und die Jüngerschar steht voll auf dem Schlauch. Kapiert gar nichts.

Andererseits: Vielleicht versteckt sich ja genau darin eine tröstliche Botschaft. Und die lautet: Wenn du wie ein fruchtbarer Boden sein willst, dann halte dich an Jesus. Weil man manches nur versteht, wenn man sich von Gott stärken lässt. Oder von jemandem, die oder der sich auskennt. Dann wäre die Auslegung der Rahmenhandlung: Wenn du was nicht verstehst, such dir jemanden, der es dir erklären kann. Vielleicht eine gute Freundin … oder einen Seelsorger. *»Wer Ohren hat zu hören, der höre.« – Wer einen Mund hat zu fragen, der frage.*

Und auch das Gleichnis selbst präsentiert in den drei ersten *Persönlichkeiten* indirekt eine kleine *Schule des fruchtbaren Lebens*, denn es macht ja deutlich: 1. Lasst uns darauf achten, dass wir nicht wie Typ 1 eine Teflon-Schicht auflegen und aus lauter Angst vor Veränderung oder aus Unsicherheit und Desinteresse die Chancen unserer Persönlichkeitsentwicklung verpassen. 2. Lasst uns dafür sorgen, dass wir nicht wie Typ 2 in uns ständig Strohfeuer entfachen, aber dabei im Oberflächlichen bleiben und uns von den ersten Störungen aus der Bahn werfen lassen. 3. Lasst uns regelmäßig prüfen, dass wir nicht wie Typ 3 von so vielen anderen (scheinbar dringlichen) Sachen bedrängt werden, dass wir aufhören, nach dem Eigentlichen zu fragen. Denn sonst ergeht es uns wie den Saatkörnern, deren Schicksal Jesus mit ziemlich deftigen Worten verkündet: Sie werden *gefressen, versengt, verdorrt.* Und das will niemand.

Zeit, noch mal auf die vielen *»Hört, hört«s* Jesu einzugehen. Ein kleines, aber entscheidendes Wörtchen, das allen Israeliten vertraut war, weil schon das hebräische Urbekenntnis, das sogenannte

Schma Jisrael, aus dem bedeutsamen Satz besteht: *»Höre, Israel, der Ewige, Gott, ist einzigartig.«* Diesen Satz betet jede Jüdin und jeder Jude bis heute regelmäßig. *Hör gut zu! Hör auf Gott! Hör, was dir der Himmel zu sagen hat.*

Deshalb klingt in unserem Gleichnis auch an: Wer auf den Himmel hört, die oder der ist wie ein Saatkorn, das auf fruchtbaren Boden fällt. Oder: Wer sich an den Sohn Gottes hält, der ist gesegnet. Findet Jesus zumindest selbst. Im Matthäusevangelium sagt er – kurz nachdem er das *Gleichnis vom Sämann* erzählt hat: *»Ihr könnt euch glücklich schätzen, denn eure Augen sehen und eure Ohren hören. Viele Propheten und Rechtgläubige hätten gerne das gesehen, was ihr seht – aber sie haben es nicht gesehen. Sie hätten gerne gehört, was ihr hört, haben es aber nicht gehört.«* (Mt 13,16–17) Weil Jesus Gottes Weg ist, den Menschen vor Augen zu führen, wie er selbst ist und handelt. Und wie der Himmel aussieht, zu dem er seine Lieblingsgeschöpfe herzlich einlädt.

Bleibt neben der anregenden Frage, in welchem Zustand unser Herzensacker gerade ist, der Hinweis, dass die Auslegerinnen und Ausleger des Gleichnisses gerne betonen, dass darin noch zwei weitere Aspekte anklingen. Erstens: Egal, zu welchem Typ sich jemand zählt … im Glauben zu wachsen ist immer ein Prozess. Das Wort Gottes … oder die Liebe … braucht Zeit, um sich zu entfalten. Das heißt auch: Es ist ein langer Weg vom ersten Kontakt mit der Liebe Gottes zum erblühten Glauben. Was mehrere wissenschaftliche Studien bestätigt haben. Und es ist gut, wenn wir uns von diesem Gleichnis anregen lassen, diesen Weg beherzt weiterzugehen.

Zweitens: Offensichtlich sieht Jesus kein grundsätzliches Problem darin, dass einiges vom Saatgut verloren geht. Natürlich ist es schade um jeden Menschen, in dem die Liebe Gottes nicht aufblüht, aber am Saatgut mangelt es offenbar nicht. Davon gibt es in Hülle und Fülle. So wie der Sämann gar nicht darauf achtet, dass er mit Verlusten arbeitet, verteilt Gott sein Wort freigebig überall hin. Es ist genug davon da. Unendlich viel. Himmlisch viel.

So wie es auch immer genug Segen geben wird. Selbst wenn alle Menschen von morgens bis abends die Welt mit Segen überschütten würden, ging der Segen nie aus. Großartig, oder? Und allein das zu wissen, ist eine Hoffnungsbotschaft. Und eine Einladung: Der Sämann (oder die Säfrau) … das könnten auch du und ich sein. Ab aufs Feld!

8. Das Senfkorn

Womit können wir das Reich Gottes vergleichen?
Was wäre ein gutes Bild, um es sich vorstellen zu können?

Es ist wohl wie ein Senfkorn. Wenn das ausgesät wird, dann ist es kleiner als alle anderen Samenkörner auf der Welt – doch wenn es erst mal gesät wurde und aufgeht, dann wird es größer als alle anderen Pflanzen auf dem Acker und treibt weite Zweige aus, in deren Schatten die Vögel des Himmels nisten können.«

Markusevangelium 4,30–32

War das Wirken Jesu zu Beginn eigentlich eine Erfolgsgeschichte? Das würden vermutlich alle bejahen, die damals von ihm geheilt wurden oder durch ihn entdecken konnten, wie befreiend es ist, sich als Teil der großen Geschichte Gottes zu erleben. Aber sonst? Ein Wanderprediger mit ein paar Dutzend Anhängerinnen und Anhängern, der einen grauenhaften Verbrechertod stirbt und dann – ratzfatz – in den Himmel verschwindet … Geht so, oder?

Wo war denn nun das verheißungsvolle *Himmelreich*, von dem Jesus andauernd geschwärmt hatte? Diese von der Liebe Gottes getränkte Gemeinschaft, in der die Menschen wirklich füreinander und nicht gegeneinander agieren, in der die Gegenwart Gottes leibhaftig spürbar ist – und in der eine neue, fairere Form der Gerechtigkeit herrscht? Erst malt dieser Jesus allen das Paradies vor Augen … und dann passiert irgendwie … nichts!

Viele hätten sich zumindest ein paar konkretere Details zu diesem sagenumwobenen *Reich Gottes* gewünscht. Außerdem geisterte im Volk Israel ja schon lange die Vorstellung herum, dass der Messias auch eine politische Revolution anstoßen würde – vielleicht sogar einen Aufstand gegen die römische Besatzungsmacht. Also musste sich das Anbrechen einer derart sagenumwobenen neuen *Gesellschaftsform* doch irgendwie messbar zeigen. Oder nicht? Woran erkennt man, dass das *Himmelreich* da ist?

Gut, Jesus hatte gesagt: *»Mein Reich ist nicht von dieser Welt.«* (Johannesevangelium 18,36) Ja, aber in welcher Welt dann? Und was nutzt mir ein Himmelreich irgendwo anders? Vor allem aber: Wann würde es wohl endlich so richtig anfangen? Denn leider, leider: Der Sohn Gottes hat sich auch in puncto *Konkrete Zeitangaben* eher bedeckt gehalten. Er hat gleichzeitig Sätze rausgehauen wie *»Das Reich Gottes ist nah!«* (Markusevangelium 1,15) und *»Das Reich Gottes ist schon mitten unter euch.«* (Lukasevangelium 17,21) Ja, was denn nun? Gleichzeitig hat er die Menschen unmissverständlich aufgefordert, im *Vaterunser* regelmäßig zu beten: *»Dein Reich komme!«*

Himmelherrgott-Sakrament! Geht's nicht ein bisschen präziser? Ist das Himmelreich nah, ist es schon da, oder wird es erst noch kommen? Diese Frage hat die Jüngerinnen und Jünger umgetrieben, sie war eine Anfechtung für die junge Christenheit und sie schwebt bis heute im Raum. Besonders dann, wenn die Gemeinschaft der Glaubenden (wie in den Urgemeinden) verfolgt wird oder wenn (wie in den westlichen Kirchen des 21. Jahrhunderts) Austritte die Idee des Christentums grundsätzlich in Frage zu stellen scheinen: *»Jesus, bitte sag uns: Wie ist das Himmelreich und wann kommt es?«*

Als wäre diese Frage aus 2000 Jahren Kirchengeschichte schon damals bei Jesus aufgeschlagen, beantwortet er sie mit den sogenannten *Wachstumsgleichnissen,* mehreren Geschichten, die uns helfen sollen, das Phänomen *Himmelreich* und sein Kommen besser zu verstehen. Und nicht nur das … Jesus selbst stellt diese wichtige Frage dem bekanntesten dieser Gleichnisse voran: *»Womit können wir das Reich Gottes vergleichen? Was wäre ein gutes Bild, um es sich vorstellen zu können?«*

Dann der Paukenschlag. Ich sehe die neugierigen Gesichter der Zuhörenden, die sich versammelt haben, vor mir: *»Also, wie ist es, das Himmelreich?«* Und die Frauen und Männer erwarten so etwas wie: *»Eine herrliche Welt, in der Friede und Freiheit herrschen, weil Gott dort als weiser Regent für Ordnung sorgt.«* Oder: *»Ein funktionierender Sozialstaat, in dem es allen gut geht, weil die wahren Gläubigen alle Ungerechtigkeit beseitigt haben.«* Oder: *»Eine nachhaltige Gemeinschaft, die nicht auf Kosten anderer, der Umwelt oder der Tiere lebt.«* Was hätte es nicht für schöne visionäre Vorstellungen gegeben! Und was sagt Jesus: *»Das Himmelreich ist wie ein Senfkorn!«*

»Hä! Will der uns auf den Arm nehmen?« Das klingt ja wahrhaftig nach der Vision von einer wundervollen neuen Welt: ein Senfkorn! So ein winziges mickriges popeliges unbedeutendes Senfkörnchen! Ein Senfkörnle, wie der Schwabe sagen würde. Einen Millimeter

groß. Jämmerlich. Und damit willst du, Jesus, uns vor Augen führen, wie der *Himmel auf Erden* aussieht? Echt? Ja … das will er.

Und jetzt gehen wir mal direkt in medias res: Für Jesus ist ein Senfkorn nämlich nichts Mickriges, sondern eine lebendige *Keimzelle* voller Potenzial, etwas, in dem er all die darin verborgenen Möglichkeiten sieht, die sich entfalten können. Und vermutlich war das ohnehin eine seiner wesentlichen Eigenschaften: Er konnte in Menschen – oder eben auch in Dinge – hineinschauen und sehen, was in ihnen angelegt ist, was da auf Entfaltung wartet: die Chancen, die Perspektiven, die Gelegenheiten. Und schon dieser erwartungsvoll-zuversichtliche Blick auf die Gesellschaft ist eine Fähigkeit, die ich für weltbewegend halte.

Doch es geht noch weiter: Weil ein Senfkorn trotz seiner geringen Größe fantastische Entfaltungsmöglichkeiten in sich trägt, sagt Jesus an anderer Stelle sehr deutlich*: »Wenn ihr Glauben hättet wie ein Senfkorn, dann würdet ihr zu diesem Berg hier sagen: ›Werde von hier nach dort versetzt‹ – und es würde passieren. Nichts wäre euch unmöglich.«* (Matthäusevangelium 17,20)

Also, Vorsicht mit vorschnellen Urteilen. Schon ein Glaube, der so groß ist wie ein Senfkorn, kann Berge versetzen. Was wäre dann erst möglich, wenn wir *Glauben wie eine ausgewachsene Senfstaude* hätten. Oder anders ausgedrückt: Offensichtlich gelten unsere Kriterien von *Klein* und *Groß* im Himmelreich nicht so, wie wir es gewohnt sind. So, wie in der Quantenphysik die scheinbar vertrauten physikalischen Gesetze nicht mehr gelten. Deshalb zeigt Jesus im *Gleichnis vom Senfkorn* sehr wohl einige Bedingungen auf, die uns helfen können, uns das Reich Gottes vorzustellen.

1. Scheinbar Kleines kann unfassbar groß werden

In dieser Geschichte – in der übrigens kein einziger Mensch vorkommt – geht es um das Verhältnis von gefühlter Kleinheit, die ja auch manche Glaubenden angesichts einer oftmals so unheilvollen Welt immer wieder empfinden … und dem, was sich daraus entwickeln kann. Aus einem kaum sichtbaren Samen wächst eine mehr als zwei Meter große Staude. Zumindest war das beim Schwarzen Senf so, der in Galiläa oft wild am Straßenrand wucherte. Darum, ihr Verzagten: Freut euch über das Kleine, das schon da ist, denn in ihm steckt die Verheißung kommender Größe.

2. Das Neue kann erstaunlich schnell kommen

Jede Israelitin und jeder Israelit wussten, dass man dem Schwarzen Senf quasi beim Wachsen zuschauen kann. Innerhalb weniger Wochen wird aus dem winzigen Korn gefühlt ein Baum. Deshalb spielt in unserem Gleichnis die Geschwindigkeit eine wesentliche Rolle: Eben noch war das Senfkorn winzig, jetzt steht da eine erstaunlich große Pflanze. Darum, ihr Verzagten: Schaut nicht auf das Kleine, sondern vertraut darauf, dass das Große viel schneller kommen kann, als ihr jetzt zu hoffen wagt. Das Himmelreich ist wie ein Formel 1-Bolide: Wenn es erst mal Gas gibt, dann kommt es ziemlich schnell angedüst.

3. Das Ergebnis ist das Entscheidende

Wenn die Senfstaude ausgewachsen ist, können unter ihren Ästen *»die Vögel des Himmels nisten«*. Vermutlich stehen die Vögel hier für die erwartungsvollen Glaubenden, die dann endlich ein Zuhause haben. Andere Interpretinnen und Interpreten meinen sogar, damit wären alle Völker gemeint. Wie dem auch sei: Es ist ein heimeliges Bild, weil Nester für Geborgenheit, Sicherheit, Nachwuchs und Gemeinschaft stehen. Darum, ihr Verzagten: Am Ende wird alles groß und wundervoll sein! Und euer Leben verläuft jetzt schon anders, wenn ihr in jedem Senfkorn die fertige Staude, den vollkommenen Schutzraum sehen würdet, der auf euch wartet.

4. Wer Staunen kann, lebt hoffnungsvoller

Dass Jesus das Himmelreich mit einem Senfkorn und dessen Potenzial zur Entfaltung vergleicht, ist ein Grund zum Staunen. Zum Wundern und Bewundern. Zum Atemholen und Überrascht-Sein. Und so, wie das Staunen schon in der Antike als Beginn allen Glaubens galt, nutzt Jesus das Staunen über die Wunder der Schöpfung, um auf die Bedeutung des Staunens an sich aufmerksam zu machen. Weil Menschen, die nicht mehr staunen können, auch mit ihrem Glauben hadern. Staunen heißt: Ich spüre, dass ich etwas nicht fassen kann, das aber da ist. Darum, ihr Verzagten: Fangt wieder an zu staunen!

Was haben wir jetzt über das Himmelreich gelernt? Es kann auch in Kleinigkeiten schon seine Fülle andeuten, es erscheint viel schneller, als wir denken, es wird uns am Ende ein göttliches Zuhause sein, und es lädt ein, das Staunen als Quelle der Hoffnung wiederzufinden. So wird aus dem Erschrecken der Zuhörerschaft über das anfangs so unpassend wirkende Bild vom Senfkorn eine Geschichte über Vertrauen, Mut und Zuversicht.

Allerdings: Die Sache mit dem Zeitpunkt bleibt weiter offen. Darum wird das *Gleichnis vom Senfkorn* in mehreren Evangelien noch mit anderen *Wachstumsgleichnissen* verbunden, vor allem dem vom Sauerteig und dem von der selbst wachsenden Saat. Auf die werfen wir auch mal einen kurzen Blick: *»Womit soll ich das Königreich Gottes vergleichen? Es ist wie ein Sauerteig, den eine Frau in drei Maß Mehl verbarg, bis es vollständig durchsäuert war.«* (Matthäusevangelium 13,33) Eine Frage, ein Antwort-Satz. Und wieder ein befremdliches Bild.

Denn die versierten Bäckerinnen und Bäcker unter uns wissen: Damit ein Sauerteig gut aufgeht, muss er geknetet und gewässert werden. Macht die Frau aber nicht. Sie *versteckt* ein Stück Sauerteig in rund 40 Kilo Mehl und lässt den Dingen ihren Lauf. Warum? Nun: Der Sauerteig macht das schon. Dauert halt ein bisschen länger. Aber irgendwann ist der ganze Teig durchsäuert und dann kannst du ein gigantisches Brot backen. Lecker.

Die darin eingebackene Botschaft *»Lass Gott mal machen«* finden wir auch im *Gleichnis von der selbstwachsenden Saat.* Darin erzählt Jesus von einem Sämann, der seinen Acker bestellt und sät – und sich dann im Wesentlichen bis zur Ernte schlafen legt. Weil er weiß: Das Wachsen und Gedeihen liegt nicht in seiner Hand. Er kann das Seine tun, muss dann aber vertrauen. Mit anderen Worten: Wir können für das *Himmelreich* das Unsere tun, das sollen wir sogar … aber wir sollten nicht denken, dass wir das Himmelreich in irgendeiner Weise mit unseren Kräften aufbauen könnten oder müssten. Das wäre Hybris. Größenwahn. Am Ende ist es der Segen Gottes, an dem alles gelegen ist. Insofern ist es auch nicht tragisch, wenn wir uns gelegentlich – wie der Bauer im Gleichnis – hinlegen und entspannen. Nur keinen Stress im Himmelreich!

Ob diese Bilder den unruhigen Frauen und Männern helfen, denen das Himmelreich nicht schnell genug kommen kann? Ich weiß es nicht. Aber mich fasziniert, wie klug Jesus im Senfkorn, im Sauerteig und bei der selbstwachsenden Saat veranschaulicht, dass dieses Reich in unsere Welt *verwoben* ist: wie ein Korn in der Erde, wie ein Stück Sauerteig in einem Haufen Mehl. Und es fängt an, sich zu entfalten. Schritt für Schritt. In Gottes Tempo. Und dieses *Durchdringungsmotiv* finden wir genauso beim Gleichnis-Wort *»Ihr seid das Salz der Erde«*. Das Salz, der Teig, die Senfstaude: Sie machen einen Unterschied in der Welt. Und genau darum geht es.

Insofern können wir natürlich hoffen, dass der Sauerteig der Marke *Himmelreich* möglichst bald alles durchsäuert – wir dürfen aber auch fragen, wo und wie wir als Salz den Geschmack des Lebens verändern. Jesus sagt einmal sinngemäß: *»Ihr seid in der Welt, aber nicht von der Welt.«* In diesem Sinn ist das *Himmelreich* nicht identisch mit der Welt, aber es ist mitten in ihr drin. Erfüllt sie. Durchzieht sie. Verändert sie. Selbst da, wo es noch so winzig ist wie ein Senfkorn. Oder eine Prise Salz.

Und vielleicht ist in diesem Zusammenhang das Staunen tatsächlich ein wichtiger Hinweis: Christinnen und Christen sehen die Welt anders als andere Menschen. Heute würde man sagen, sie *framen* die Wirklichkeit anders, sie betrachten sie mit anderen Augen; nämlich mit den Augen Gottes. Mit staunenden Augen. Mit liebenden Augen. Mit wertschätzenden Augen. Mit achtsamen Augen. Mit vor Hoffnung strahlenden Augen.

Und wer so einen Blick trainiert, wird bald feststellen, dass er auch anfängt, anders zu leben. Ein bisschen poetisch könnte ich sagen: *Wer die Welt anders wahrnimmt, der lebt in einer anderen Welt.* Stimmt doch, oder? Ich würde sagen: Ja. *Wer die Welt anders wahrnimmt, der lebt in einer anderen Welt.*

Und wissen Sie, wie Jesus diese andere Welt nennen würde? Genau: *Himmelreich*! Christinnen und Christen leben in der gleichen Realität wie alle, aber weil sie diese Realität anders wahrnehmen, weil sie in ihr schon die Spuren des Himmelreichs sehen, erleben sie eine andere Wirklichkeit. Klingt jetzt ziemlich philosophisch. Macht aber nichts. Jesus war auch Philosoph.

Wenn man in der Bildersprache Jesu bleibt, dann kann man den Unterschied zwischen den Welten auch dadurch beschreiben, dass ein Reich ja in der Regel einen Regenten hat. Oder eine Regentin. Und für die Israelitinnen und Israeliten war klar: Im Himmelreich regiert Gott. Darum wird in einigen christlichen Kreisen gerne die Formulierung benutzt, wir *müssten Gott auf den Thron setzen.* Angesichts der Tatsache, dass Jesus ständig betont, im *Himmelreich* sei der am größten, der allen anderen dient, mag ich diese archaischen Bilder nicht so gerne, aber der dahinter liegende Gedanke entspricht tatsächlich den ursprünglichen Ideen von einem *Reich Gottes*: Es ist da gegenwärtig, wo sich die Menschen von den Werten, den Idealen und der Liebe Gottes leiten lassen. Oder, wie ich es eben formuliert habe, wo sie anfangen, die Welt mit den Augen Gottes wahrzunehmen.

Und nicht nur das: Dort, wo diese Liebe im Handeln der Menschen Wirklichkeit wird, ist Gott selbst gegenwärtig. Schließlich steht im Neuen Testament auch: *»Gott ist die Liebe. Wer in der Liebe bleibt, der bleibt in Gott und Gott in ihm.«* (1. Johannesbrief 4,16b)

Bleibt bei diesem Gleichnis nur noch eine Schlussbemerkung: Senfkorn, Sauerteig, Saat – das sind nicht unbedingt topaktuelle Symbole. Insofern könnte es höchst inspirierend sein, mal zu überlegen, welche Symbole aus unserem Alltag helfen könnten, etwas vom Reich Gottes zu verstehen. Probieren wir's doch mal aus. *Das Reich Gottes gleicht einem Aktienpaket, das jahrelang in einem Fond vor sich hindümpelte – und plötzlich durch die Decke ging.* Ich bin mir sicher: Sie haben da noch viel kreativere Ideen.

9. Die Arbeiter im Weinberg

Mit dem Himmel ist es wie mit einem Gutsbesitzer, der am frühen Morgen loszog, um Arbeiter für seinen Weinberg einzustellen. Nachdem er sich mit den Männern auf einen Tageslohn von einem Denar geeinigt hatte, schickte er sie in seinen Weinberg.

Als er drei Stunden später sah, dass auf dem Marktplatz noch viele Männer herumstanden, sprach er sie ebenfalls an: »Ihr könnt heute auch in meinem Weinberg arbeiten – und bekommt dafür eine gerechte Bezahlung.« Da zogen die Tagelöhner los.

Das Gleiche passierte noch mal zur Mittagszeit und am Nachmittag. Ja, selbst eine Stunde vor Sonnenuntergang fand er noch Arbeiter und fragte sie: »Warum steht ihr denn hier untätig rum?« Sie antworteten: »Weil uns keiner eingestellt hat!« »Gut«, sagte der Gutsherr, »dann geht auch noch in meinen Weinberg.«

Als es dann Abend wurde, beauftragte der Gutsbesitzer seinen Verwalter: »Ruf die Arbeiter zusammen und zahle ihnen ihren Lohn aus. Fang mit denen an, die zuletzt gekommen sind.«

Da erhielten die, die nur eine Stunde gearbeitet hatten, einen Denar. Sofort waren diejenigen, die den ganzen Tag im Weinberg gewesen waren, überzeugt, sie bekämen viel mehr. Aber auch sie erhielten genau einen Denar.

Da beschwerten sie sich und einer rief: »Wir haben den ganzen Tag in der Hitze gearbeitet und bekommen das

Gleiche wie die Männer, die nur eine Stunde gearbeitet haben? Ernsthaft?«

Der Gutsbesitzer antwortete: »Ich tue euch doch kein Unrecht. Haben wir uns nicht auf einen Denar geeinigt? Nimm deinen Lohn und sei zufrieden. Ich möchte den Männer, die zuletzt gekommen sind, genauso viel geben wie dir. Ich kann doch mit meinem Geld machen, was ich will, oder? Schaust du wirklich so böse, nur weil ich gut bin?«

Matthäusevangelium 20,1–15

Klingt ein bisschen wie der Albtraum der FDP, dieses Gleichnis: Nix mit *»Leistung muss sich wieder lohnen«*! Ähnliches gilt für all diejenigen, die gerne *»Gleicher Lohn für gleiche Arbeit«* fordern: Sie bekommen hier einen knallharten Gegenentwurf präsentiert. Es gibt *gleichen Lohn für ungleiche Arbeit.* Au weia!

Wir merken sofort: Da stimmt was nicht. Und schon vor 2000 Jahren sind die Hörerinnen und Hörer spätestens bei der Szene, in der es um die Auszahlung des Lohns geht, erschrocken zusammengezuckt: *»Was? Der eine schuftet den ganzen Tag, der andere nur eine Stunde … und beide bekommen das gleiche Geld? Ja, geht's noch?«* Ja, es geht. Findet zumindest Jesus.

Und wir dürfen uns kluge Gedanken machen – so viel sei hier schon mal gespoilert – welches Prinzip wir richtiger finden: *Jeder bekommt das, was er verdient* oder *Jeder bekommt das, was er braucht.* Na, was denken Sie spontan? Auf jeden Fall eine knifflige Gemengelage: Ein dreister Gutsbesitzer löst den Zusammenhang von Arbeit und Entlohnung einfach auf.

Aber eins nach dem anderen: Wieder finden wir in dieser Geschichte die klassischen Zutaten für ein rundum gelungenes Gleichnis. Das Ganze spielt in der Welt der Tagelöhner, die auf dem Marktplatz darauf warten, dass ihnen jemand einen Job anbietet. Ein Anblick, den damals jede und jeder kannte, … wenn sie oder er nicht selbst so seinen Lebensunterhalt verdiente. Und tatsächlich werden in einem Weinberg saisonal ständig Leute gesucht – etwa beim Beschneiden der Weinstöcke oder bei der Lese. Also lauter vertraute Bilder.

Doch dann dieser irre Plot-Twist, die überraschende Wende, die Provokation: *Gleicher Lohn für alle!* Rumms! Da bleibt einem ja die Spucke weg. Übrigens: Provokation kommt vom lateinischen Wort *provocare* und bedeutet *herausrufen.* Es geht also darum, dass wir durch solche narrativen Effekte aus unseren liebgewordenen Mustern herausgerufen werden. Dass wir anfangen umzudenken.

Stellt sich allerdings sehr schnell die Frage: An wen richtet sich *Das Gleichnis von den Arbeitern im Weinberg* eigentlich? Um ehrlich zu sein: Darüber diskutieren Wissenschaftlerinnen und Wissenschaftler schon lange. Weil diese Ideen aber zum Verständnis der ganzen Handlung sehr zielführend sind, stelle ich Ihnen einige der beliebtesten Theorien kurz vor:

1. Möglicherweise wendet sich Jesus an seine *Jüngerinnen und Jünger*. Die hatten nämlich im Lauf der Zeit einen ordentlichen Dünkel entwickelt. Zumindest wird in den Evangelien sehr offen darüber berichtet, dass die Jünger-Schar zum Beispiel erwartet, dass sie im Himmel einen coolen VIP-Status erhält (siehe etwa: Matthäusevangelium 19,27) – und dass einige Jünger sogar regelmäßig untereinander streiten, wer wohl dereinst im Jenseits den besten Platz am Tisch Gottes zugewiesen bekommt. (Lukasevangelium 22,24) Denen würde das Gleichnis sagen: *»Ganz gleich, wann man ins Team ›Jesus‹ einsteigt, es gibt für alle die gleiche Belohnung.«*

2. Oder aber Jesus hat wieder mal *Anhängerinnen und Anhänger der pharisäischen Bewegung* im Auge, den betont Frommen seiner Zeit, denen er wie in den *Gleichnissen vom Verlorenen* deutlich machen möchte: Dass Gott besonders die Gescheiterten, die Gestrandeten und die gesellschaftlich Abgeschriebenen im Blick hat, ist Ausdruck seiner Gnade. Und ein Mensch, der das Gefühl hat, er hätte für den *Weinberg des Herrn* (wie schon erwähnt: Das ist ein traditionelles Bild für das von Gott erwählte Volk Israel) Unglaubliches geleistet und verdiene deshalb mehr göttliche Zuneigung als andere, hat das Wesen Gottes nicht verstanden. Gott verschenkt seine Liebe immer als Ganzes und nicht nach Leistung.

3. Oder aber Jesus wendet sich an die *Vertreterinnen und Vertreter einer göttlichen Gerechtigkeit*. Schließlich empfanden die meisten Israelitinnen und Israeliten die Jahrhunderte, in denen das Land von

ausländischen Mächten besetzt war, als schreckliche Demütigung. Für sie war klar: Wenn eines Tages der von Gott verheißene Messias auftritt, dann gibt es endlich Gerechtigkeit. Göttliche Gerechtigkeit. Und das hieß nach ihrem Verständnis: Das Volk Israel bekommt wieder eine herausragende Stellung, ist politisch unabhängig und die Wirtschaft floriert. Tja, Pustekuchen, sagt da das Gleichnis: Der Gutsbesitzer (der ja für Gott stehen könnte) bedient eure allzu irdischen Gerechtigkeitsideale nicht. Blöd, aber wahr.

4. Oder aber Jesus erzählt dieses Gleichnis *allen, die auf das Reich Gottes warten.* Dann wäre der Weinberg ein Symbol für das Himmelreich … und die Arbeit im Weinberg stünde für den persönlichen Einsatz für Gottes Vision. Dann hätte diese Geschichte folgende Botschaft: *»Hallo, ihr Nörglerinnen und Nörgler! Kapiert ihr nicht, dass es eine Ehre ist, am Himmelreich mitzubauen? Wie kann man da nur ans Geld denken? Erfolgreich sind doch diejenigen, die ihre Arbeit aus Berufung, aus Leidenschaft und aus Hingabe machen – nicht die, die nur aufs Geld starren.«* Entscheidend wäre dann nicht, wann Gott einen Menschen beruft, sondern dass er ihn überhaupt einlädt, in seinem Weinberg mit dabei zu sein. Welch eine Ehre!

5. Oder aber Jesus denkt an *die vielen Unzufriedenen,* die sich bis heute im Gemeindeleben darüber aufregen, dass sie, die Hochengagierten, die sich seit 30 Jahren im Kirchenvorstand, im Bauausschuss oder als Grillmeisterin beim Gemeindefest einbringen, nicht mehr Liebe bekommen als irgendwelche Neuzugezogenen. Oder dass die Revoluzzer, die plötzlich mit einem Keyboard im Gottesdienst auftauchen, genauso beachtet werden wie diejenigen, die die klassische Liturgie so lieben. Anders formuliert: Kann es wirklich sein, dass jemand, der sich erst auf dem Sterbebett bekehrt, genauso viel *Himmel* bekommt, wie eine Frau, die 237 Streuselkuchen für den wöchentlichen Seniorenkreis gebacken hat? Jesu Antwort: Ja!

Tja, welche dieser Interpretationen stimmt nun? Ich würde sagen: alle! Und noch einige mehr. Das macht den Charme der Gleichnisse aus, dass sie verschiedensten Hörer-Gruppen Denk-Räume öffnen. Und wenn wir nach der Lektüre dieser Geschichte anfangen, neu darüber nachzugrübeln, wie denn für uns eine gerechte Welt aussehen würde, hätte Jesus schon viel erreicht.

Zum Verständnis dieses Gleichnisses ist dabei noch eine weitere Information wegweisend: Der Gutsbesitzer hat mit den Männern, die er im Morgengrauen einstellt, einen Tageslohn von einem Denar vereinbart; die Summe, die er am Ende dann überraschenderweise jedem Arbeiter gibt. Nun war aber ein Denar genau der Betrag, den ein Mensch brauchte, um mit seiner Familie einen Tag lang gut leben zu können. Das heißt: Hätten die Männer, die erst am späten Nachmittag in den Weinberg geholt wurden, nur ein Zwölftel davon bekommen, hätten ihre Kinder an diesem Abend vermutlich hungern müssen.

Ich würde sogar noch einen Schritt weitergehen: Diejenigen, die schon morgens um sechs wussten, dass sie für diesen Tag einen Job gefunden hatten, konnten sich den ganzen Tag darüber freuen, dass sie ihren Angehörigen am Abend den Tisch würden ordentlich decken können – während die anderen teilweise 11 Stunden lang zittern mussten, ob sie überhaupt einen Laib Brot für das Abendbrot würden kaufen können.

Betrachtet man die Situation aus dieser Perspektive, dann könnte man auch sagen: Die Männer, die am längsten gearbeitet hatten, hatten den ganzen Tag ein deutlich zufriedeneres Gefühl. Was den Gedanken unterstreicht, dass die Arbeit im Weinberg auch als Geschenk, als Berufung, als Auszeichnung verstanden werden kann. Ich zumindest bin überzeugt: Wer erkennt, dass er mit am Himmelreich baut, dem geht es besser als einem, der den ganzen Tag nur darüber sinniert, wie er seinen verzweifelten Kindern den leeren Tisch erklären soll.

Die Auflösung des Verhältnisses von Arbeit und Lohn spielt in der Reformation noch einmal eine zentrale Rolle. Schließlich wehrt sich der Wittenberger Reformator Martin Luther vor allem gegen die Vorstellung, dass sich Frauen oder Männer das Himmelreich auf irgendeine Weise verdienen könnten. Ihn ärgert, dass die meisten Personen der damaligen Zeit davon überzeugt sind: Ob man auf dem Weg ins Jenseits in der *Economy Class*, der *Business Class*, der *First Class* oder dem *Gepäckraum* sitzt, hängt damit zusammen, wie anständig man sich im Diesseits benommen hat. Schlimmer noch: Gegebenenfalls hängt die Vorzugsbehandlung auch davon ab, ob man für seine Garstigkeiten bei kirchlichen Institutionen so eine Art *Sünden-CO_2-Ausgleich* bezahlt hat.

»So ein Humbug«, tobt da Luther, *»Gott ist doch keine Kleinkrämerseele, die man mit Bestechungsgeschenken für sich einnehmen kann. Gott ist nicht käuflich. Und er liebt mich nicht, weil ich in einer bestimmten Weise lebe oder nicht lebe, sondern weil ich von ihm geschaffen bin. Sein Kind.«*

Damit landen wir mitten in unserem Gleichnis. Der Reformator verkündet: *»Schluss mit der Werkgerechtigkeit«* – also mit der Vorstellung, Gottes Gerechtigkeit hinge davon ab, welche Taten ich vollbringe, was ich mir erarbeite. Sein Credo lautet: *»Her mit einer Gerechtigkeit, die allein von Gottes Liebe bestimmt ist.«* Und siehe da: Der Gutsbesitzer im Gleichnis sagt wörtlich: *»Schaust du wirklich so böse, nur weil ich gut bin?«*

Gott ist gut! Er zahlt allen, die seiner Aufforderung folgen und in seinem Weinberg mitarbeiten, den vollen Lohn. Das, was sie zum Leben brauchen. Und es ist völlig wurscht, wie viele Stunden sie oder er dort Reben gestutzt hat. Sprich: Der Begriff *Gerechtigkeit Gottes* meint nicht in unserem Sinne eine faire Rechtsprechung *(Die Bösen werden bestraft, die Guten belohnt.)*, sondern Gottes liebenden Willen, allen Geschöpfen zu ihrer besten Entfaltung zu verhelfen. Und dabei sind Güte und Barmherzigkeit wesentlich stärkere Faktoren als der menschliche Wunsch nach vermeintlicher Loyalität.

Letztlich stellt Jesus im *Gleichnis von den Arbeitern im Weinberg* zwei Denkmodelle gegeneinander: Denke ich von der Leistung der Menschen her oder von ihren Bedürfnissen? Denn natürlich lässt Jesus den Gutsbesitzer ganz bewusst darauf hinweisen, dass den Männern, die den ganzen Tag gearbeitet haben, ja niemand etwas weggenommen hat. Sie bekommen den vereinbarten Tageslohn und können damit ihre Angehörigen gut ernähren. Anstatt sich aber darüber zu freuen, lassen sie sich von Neid, Wut, Ärger und Missgunst bestimmen.

Noch mal: Dass sie sich schlecht fühlen, passiert nur in ihrem Kopf. Oder wie der Philosoph Søren Kierkegaard es mal ausgedrückt hat: *»Das Vergleichen ist das Ende des Glücks und der Anfang der Unzufriedenheit.«* Anstatt sich über den vereinbarten Lohn zu freuen – oder sogar mit den anderen Tagelöhnern zu feiern, dass auch die ausreichend zu essen kaufen können – regen sich die Männer tierisch auf, weil sie eine vermeintliche Ungerechtigkeit verspüren. Kein Wunder, dass der Bestseller *»Triggerpunkte«* das Gefühl der Ungerechtigkeit als eine der Hauptquellen für gesellschaftliche Spaltungen ansieht.

Insofern lädt unser Gleichnis ein, eine neue Haltung zu entwickeln: *Feiere, dass du etwas Sinnvolles tust und versorgt wirst – unabhängig davon, was irgendwer anderes bekommt. Und wenn du dich für die anderen interessierst, dann freue dich, wenn es ihnen gut geht. Denn beides wird dich am Ende glücklicher machen, als wenn du ständig den in der Regel destruktiven Eindruck hast, du würdest etwas Besseres verdienen als die anderen.*

Kritische Geister fragen jetzt gerne: *»Verkündet Jesus hier möglicherweise so etwas wie einen antiken Sozialismus: Alle bekommen das Gleiche?«* Nun, abgesehen davon, dass die ersten christlichen Gemeinschaften tatsächlich in großem Umfang Gütergemeinschaft praktiziert haben, kann man sagen: Ja, da gibt es Parallelen. Zumindest da, wo unter Sozialismus eine *gerechte Verteilung aller Güter an alle Mitglieder der Gemeinschaft* verstanden wird.

Dann wäre der Gutsbesitzer in puncto Lohnverteilung ein früher Sozialist.

Das war's dann aber auch schon mit der Ähnlichkeit. Denn der Gutsbesitzer bleibt ja der Eigentümer des Weinbergs und kommt auch nicht auf die Idee, ihn an seine Arbeiterschaft zu überschreiben. Jesus möchte mit seinem Gleichnis auch nicht erreichen, dass fortan alle Tagelöhner erst um 17 Uhr auf dem Marktplatz stehen und anschließend vollen Lohn erwarten. Sie sollen ihre Motivation daher bekommen, dass sie bei einem so *guten* Arbeitgeber beschäftigt sind.

Was ist gerecht? Und was ist Gerechtigkeit? Dieses sonderbare Gleichnis stellt viele unserer traditionellen Verständnisse davon auf den Kopf und erzählt von einem *Himmelreich*, in dem es allen gut geht – weil alle alles bekommen, was sie brauchen. Darum sagt Jesus in der Bergpredigt ja auch: *»Trachtet zuerst nach dem Reich Gottes, dann wird euch alles zufallen, was ihr braucht.«* (Matthäusevangelium 6,33) Das heißt zugleich: Eine gerechte Gesellschaft ist eine, in der es allen gut geht. Und dieses Gut-Gehen fängt oft schon damit an, dass wir lernen, das zu schätzen, was wir haben – anstatt neidisch auf die zu schauen, die etwas bekommen, was wir ihnen nicht gönnen. Ist das gerecht? Schwer zu sagen. Göttlich ist es auf jeden Fall!

10. Von den klugen und den törichten Jungfrauen

Den Himmel kann man gut mit zehn Brautjungfern vergleichen, die ihre Lampen mitnahmen, um den Bräutigam festlich zu empfangen: Fünf von ihnen waren klug … die anderen fünf leider nicht, denn sie nahmen zwar ihre Lampen mit, aber nicht genügend Öl. Die Klugen dagegen brachten Gefäße mit Ersatz-Öl mit.

Nun passierte Folgendes: Der Bräutigam verspätete sich so sehr, dass alle Brautjungfern einschliefen. Bis mitten in der Nacht jemand rief: »Der Bräutigam ist da! Kommt alle, um ihn willkommen zu heißen.«

Da wachten die Mädchen auf und machten ihre Lampen fertig. Fünf von ihnen aber sagten: »Oh, unsere Lampen sind abgebrannt und gehen dauernd aus, gebt uns doch was von eurem Öl ab.« Die Klugen aber antworteten: »Das geht nicht. Sonst reicht das Öl weder für uns noch für euch. Lauft zu einem Händler und besorgt euch noch was.«

Nun traf der Bräutigam genau dann ein, als die fünf unvorbereiteten Frauen beim Einkaufen waren. Er ging mit den gut vorbereiteten Brautjungfern zur Hochzeitsfeier – und die Tür wurde hinter ihm geschlossen.

Als die übrigen Mädchen vom Händler zurückkamen, klopften sie und riefen: »Macht uns auf!« Doch der Bräutigam antwortete: »Ich kenne euch nicht.« Darum: Seid wachsam, denn ihr wisst weder den Tag noch die Stunde!

Matthäusevangelium 25,1–13

Der Himmel lässt sich mit 10 Brautjungfern vergleichen. Wow! Auf so eine Idee muss man erst mal kommen! Ziemlich abgefahren! Allerdings sollte man, um diese skurrile Geschichte halbwegs nachvollziehen zu können, zumindest ahnen, wie so eine feierliche Hochzeit damals ablief. Und wenn man den Kulturanthropologinnen, die das Thema *Hochzeitsrituale im antiken Mittelmeer-Raum (Großraum Judäa)* zu ihrem Forschungsschwerpunkt gemacht haben, glauben kann, dann sahen Trauungsfestivitäten damals folgendermaßen aus:

Die Braut wurde in ihrem Elternhaus ordentlich aufgebrezelt – bevor kurz vor Sonnenuntergang der Bräutigam vorbeikam, um seine Liebste abzuholen und sie entweder in sein Elternhaus oder in einen herrlich geschmückten Festsaal zu bringen, in dem dann gemeinsam mit der gesamten Mischpoke und dem halben Ort fröhlich gefeiert wurde.

Wichtig dabei ist: Auf dem Festzug von der einen Location zur nächsten wurde das füreinander bestimmte Paar von Brautjungfern begleitet, die den beiden Brautleuten den Weg leuchteten; ein Brauch, der auch eine geistliche Bedeutung hatte, weil die Menschen überzeugt waren, das helle Licht der Lampen hielte böse Mächte davon ab, dem Glück der beiden Liebenden zu schaden.

Und plötzlich stehen diese vermeintlichen Randfiguren des klassischen Hochzeitsgeschehens, die Brautjungfern, im Zentrum. Und zwar im Zentrum einer ziemlich ungewöhnlichen Story. Im Zentrum einer Story, die zudem für jede Israelitin und jeden Israeliten mit einer weitreichenden Symbolik aufgeladen war: Die vom Himmel gesandten Propheten früherer Epochen hatten nämlich mehrfach das Bild einer Hochzeit voller Leidenschaft für das Verhältnis Gottes zu seinem Volk benutzt. Frei nach der Devise: *Gott ist der Bräutigam, Israel die Braut.*

Zu dieser Vorstellung gehörte auch der Gedanke: Wenn Gott und sein Volk irgendwann den Bund der Ehe eingehen (nebenbei: *Bund* und *Ehe* sind von der Bedeutung her das gleiche Wort), dann ist er quasi vollendet … der Himmel. Dann leben wir in einer neuen Welt. All diese tradierten Verheißungen klangen für die Zuhörerinnen und Zuhörer auf den Marktplätzen Galiläas in der Erzählung von einem ziemlich polternden Abend mit an.

Und noch ein Aspekt ist für das Verständnis des *Gleichnisses von den klugen und den törichten Jungfrauen* wichtig: Diese Geschichte galt viele Jahrhunderte lang als eine der wichtigsten biblischen Überlieferungen überhaupt, weil die Christinnen und Christen in der schillernden Figur des Bräutigams natürlich auch Jesus selbst sahen – den Jesus, der schon während seiner Zeit auf Erden wiederholt angekündigt hatte, er käme bald zurück … der sich aber offensichtlich, wie der Verlobte im Gleichnis, ziemlich verspätet.

Was ja auch schon im *Gleichnis vom Senfkorn* angedeutet wird. Und um ehrlich zu sein: Gegen die Verspätung Jesu ist die Deutsche Bahn ein Vorbild an Pünktlichkeit. Ich meine: Jesus lässt ja schließlich bis heute auf sich warten. Stellen Sie sich bitte mal die Anzeige am Bahnhof Jerusalem vor: *»Der ICE aus dem Paradies kommt rund 2000 Jahre zu spät.«*

Insofern können wir auch sagen: Eigentlich geht es allen Glaubenden seit der frühen Kirche exakt so wie den Brautjungfern in unserer Geschichte: Sie alle warten begierig auf die *»Ankunft Jesu«*; der sich zudem selbst – und auch das haben wir schon gehört – mehrfach als *Bräutigam* bezeichnet hat.

Der Clou dieses bis heute aktuellen Gleichnisses wäre dann: *Wenn Jesus jetzt plötzlich mitten in der Nacht auftauchen würde, um den Himmel auf Erden auszurufen … und mit seinem Volk einen neuen Bund einzugehen … wären wir dann vorbereitet? Hätten wir dann genügend Öl dabei?* Oder um es noch konkreter zu machen: Wären Sie oder ich dann eine von den klugen oder eine von den bescheuerten Brautjungfern? Das ist die zentrale Frage dieser verrückten Story.

So zumindest wird dieses Gleichnis seit Jahrhunderten interpretiert: Sind wir als Christinnen und Christen auf die Ankunft Jesu und das Reich Gottes angemessen vorbereitet? Leben wir so, dass wir mit gutem Gefühl und gutem Gewissen sagen könnten: *»Hallo, hier sind wir!«* In diesen gedanklichen Zusammenhang gehört dann auch die Tatsache, dass Jesus das *Gleichnis von den klugen und den törichten Jungfrauen* im Rahmen einer längeren Endzeitrede erzählt und sie mit den Worten beendet: *»Seid wachsam!«*

Womit wir wieder bei einer grundsätzlichen Haltung wären: Menschen können, salopp gesagt, einfach in den Tag hineinleben, oder sie leben *wachsam, aufmerksam und bewusst.* Eine Einstellung, die heute gerne mit dem trendigen Begriff *Achtsamkeit* umschrieben wird: Lasst uns hellhörig und weitsichtig sein – nicht nur in Bezug auf uns selbst, sondern auch in Bezug auf Gott und seine Idee des Himmels. Innerlich ausgerichtet auf das, was kommt.

Einen Vers, der diese Vorstellung auf großartige Weise zusammenfasst, finden wir im Hebräerbrief: *»Wir haben hier keine bleibende Stadt, sondern die zukünftige suchen wir.«* (Hebräerbrief 13,14) Toller Satz, oder? Mit einer Botschaft, die wir ähnlich schon im *Gleichnis vom alten Wein in neuen Schläuchen* kennengelernt haben: Das Christentum ist von seiner Grundausrichtung her zukunftsorientiert. Glaubende sind sich bewusst, dass das Jetzt und Hier nur ein vorübergehender Zustand ist … und dass man zielstrebiger, erwartungsvoller, überzeugter lebt, wenn man von der Vision einer besseren Welt, vom Bild einer *zukünftigen Stadt*, von der Hoffnung auf den Himmel auf Erden geleitet wird.

Die klugen Brautjungfern stünden in unserem Gleichnis dann für all die Menschen, die wissen: *Die Ankunft des Bräutigams und der darauffolgende Fest- und Lichterzug sind so wichtig, dass ich darauf vorbereitet sein möchte. Auch dann, wenn der Bräutigam zu spät kommen sollte und ich währenddessen einschlafe.* Während die weniger klugen Mädels in dieser Situation anscheinend dachten: *»Ach! Das wird schon!«* Womit sich erneut zeigt: Die Vorstellung von einer zukünftigen Welt verändert meinen Umgang mit der realen Welt schon hier und jetzt. Und sei es nur, dass ich genügend Öl besorge.

Trotzdem fragen kritische Zeitgenossinnen und Zeitgenossen bis heute, warum denn der Bräutigam am Ende so garstig ist, und die Tür zum Festsaal vor den verspätet Herbeieilenden eiskalt abschließt. Wie gemein! Hätte er ja nicht machen müssen, dieser Stoffel! Oder? In der Bildsprache des Gleichnisses geht es aber um eine klare Trennung. Um eine Unterscheidung: zwischen den Achtsamen und den Unachtsamen. Um klarzumachen: Sei immer achtsam, denn für manche Dinge ist es irgendwann zu spät.

Damit klingt zugleich ein Gedanke an, der sich in so geflügelten Worten wiederfindet wie *Lebe jeden Tag so, als wäre es der letzte.* Im biblischen Kontext entspricht dieser Impuls der Bitte: *»Lehre uns bedenken, dass wir sterben müssen, damit wir klug werden.«* (Psalm 90) Das ist ja kein morbider Leitspruch, der Angst vor dem Tod machen will, sondern eine Zusammenfassung genau des Erzählmotivs aus unserem Gleichnis: Wenn ich weiß, dass es irgendwann mit mir zu Ende geht (oder dass der Bräutigam recht spontan vor der Tür stehen könnte), dann gehe ich mit der Zeit, die mir geschenkt ist, anders um. Bewusster. Liebevoller. Eben achtsamer.

In der jüdischen Tradition gibt es dazu die hübsche Geschichte von einem Schüler des Rabbi Eliezer, der seinen Lehrer im Unterricht fragt: *»Meister, wann ist es denn klug, sich zu bekehren?«* Woraufhin der Rabbi lächelnd antwortet: *»Mein Tipp ist: Bekehre dich einen Tag vor deinem Tod.«* Der Schüler wundert sich: *»Ja, aber ich weiß doch gar nicht, an welchem Tag ich sterben werde.« »Tja«*, erwidert Rabbi Eliezer: *»Dann weißt du ja jetzt, wann ein kluger Zeitpunkt ist.«*

Dennoch lässt Jesus offen, was es denn in diesem Gleichnis mit dem Öl auf sich hat. Wofür steht das geheimnisvolle Öl – an dem sich alles entscheidet? Ist doch wahr: Wenn man dem Gleichnis glaubt, dann gibt es am Ende nur die geölten und die nicht geölten Typinnen und Typen. Ich halte dieses Thema schon deshalb für eine komplexe Fragestellung, weil Jesus ja sehr deutlich zum Ausdruck bringt, dass damit definitiv nicht nur ein Bekenntnis gemeint ist: *»Nicht alle, die Herr, Herr zu mir sagen, werden in den Himmel kommen.«* (Matthäusevangelium 7,21) Er fügt sogar direkt hinzu: *»… sondern die, die den Willen meines Vaters tun.«* Könnte heißen: Wer den Willen Gottes tut, der hat genügend Öl dabei. Geht's ein bisschen konkreter?

Na, vielleicht ist es kein Zufall, dass Jesus hier erneut mit dem Thema *Licht* arbeitet. Denn wenn er die Menschen hingebungsvoll einlädt, *Licht der Welt* zu sein, dann zeigt unser Gleichnis sehr anschaulich: Die zurückgebliebenen Brautjungfern haben diese Aufgabe offensichtlich nicht erfüllt, sie konnten für das Brautpaar (und damit für das Himmelreich) kein Licht liefern. Um sie bleibt es dunkel. Sie haben ihre Berufung zum *Leuchten* nicht mit der nötigen Nachhaltigkeit betrieben. Mehr noch: Sie haben ihr *Licht der Welt* erlöschen lassen.

Und um die Motivik noch weiter auszuschöpfen: Es geht in diesem Gleichnis darum, dass ein Feuer brennt – und dass es am Brennen bleibt … auch dann, wenn wir müde werden. Diese komplexe Symbolik lässt sich sofort eins zu eins auf Sie und mich übertragen, weil wir heute noch sagen: *»Da brennt jemand für eine Sache!«* Zum Beispiel für die Sache Jesu. Oder für den Umweltschutz. Oder für den Frieden. Für bessere Arbeitsbedingungen. Oder für die Kunst. Kurz und gut: Brennen wir für etwas … oder ist es uns inzwischen, wie den törichten Brautjungfern … egal, was aus unserem Leben, der Gesellschaft und der Welt wird? Nehmen wir wach und aufmerksam wahr, was um uns herum passiert – und mischen wir uns ein, wenn Menschen spürbar liebloser, achtloser und gleichgültiger werden? Brennen wir für eine *zukünftige Stadt?* Ja oder Nein?

Spätestens jetzt ist es auch legitim, das *Gleichnis von den klugen und den törichten Jungfrauen* nicht nur als eine Geschichte über die Wiederkunft Jesu und das Anbrechen des Himmelreichs zu verstehen, sondern es zugleich ganz diesseitig zu deuten. Sie erinnern sich: Das Einzigartige an Gleichnissen ist, dass sie eine Vielzahl von Interpretationsmöglichkeiten aushalten. Deshalb könnte es genauso gut sein, dass Jesus seinen Zuhörerinnen und Zuhörern ermutigend sagen will: *»Verpasst nicht das Leben. Dazu ist es viel zu kostbar. Denkt und handelt so, dass ihr auf dem großen Fest des Lebens mit dabei seid.«*

In den letzten Jahren sind mehrere Studien und Bücher publiziert worden, in denen ältere Menschen unter anderem gefragt wurden, was sie denn im Leben bereuen. Und die überraschende Rückmeldung war: Die meisten Frauen und Männer bereuen nicht zuerst die Dinge, die sie getan haben, sondern vor allem die Dinge, die sie nicht getan haben. Zu denen ihnen der Mut gefehlt hat. Die Amerikanerin Nadine Stair hat deshalb in ihrem Gedicht »Mehr Gänseblümchen pflücken« (von dem ich einige Zeilen hier übersetze) sehr treffend geschrieben:

Wenn ich noch mal leben könnte,
würde ich versuchen, mehr Fehler zu machen.
Ich würde nicht mehr alles so ernst nehmen
und wäre einfach ein bisschen verrückter.
Ich würde mehr Eis und weniger Bohnen essen.
Ich würde viel mehr Chancen nutzen.
Vielleicht hätte ich dann mehr reale Sorgen,
aber ich hätte deutlich weniger eingebildete Ängste.
Wenn ich noch mal leben könnte,
würde ich mehr Karussell fahren
und viel mehr Gänseblümchen pflücken,

Wie ist das, wenn die Chancen des Lebens plötzlich da sind und uns in einem Zustand vorfinden, in dem der Alltag uns eingeschläfert hat? So, wie der Bräutigam die Brautjungfern durch seine überraschende Ankunft schlafend vorfindet. Sind wir dann innerlich so frei und mit uns selbst verbunden, so geölt, dass wir direkt zugreifen könnten? Oder müssen wir erst noch tausend Dinge erledigen, so dass die Chancen längst weitergezogen sind – oder aber sich die Türen zum Festsaal des Daseins wieder geschlossen haben? Leben wir so, dass wir das Wesentliche nicht verpassen?

Dass Jesus die Welt kurzerhand in zwei Gruppen einteilt, die Klugen und die Doofen, wäre heute sicher nicht mehr *en vogue*, beziehungsweise *political correct* oder *woke*. Ist ja auch ziemlich derb. Aber vielleicht gibt es manchmal tatsächlich Personen, die eher so ticken, und andere, die eher so ticken.

Ich bin sicher: Wir alle kennen Menschen, die die Welt betrachten und als Erstes die Möglichkeiten einer Situation wahrnehmen – während andere als Erstes die Schwierigkeiten sehen. So wie auch jede und jeder Leute kennt, die sich gerne lautstark über Probleme aufregen – während andere lieber konstruktiv über Lösungen nachdenken. Manche Zeitgenossen weisen verärgert auf den Müll auf der Straße hin – während andere ihn aufheben und in eine Tonne stopfen. Viele besorgte Bürgerinnen und Bürger reden engagiert über Umweltschutz – während andere tatsächlich ihren biologischen Fußabdruck reduzieren. Die Optimisten lassen sich von Hoffnung leiten – während die Pessimisten von Angst bestimmt sind.

Es gäbe noch viele weitere Beispiele, aber unser Gleichnis sagt weniger über die konkrete Art des Öls, um das wir uns kümmern sollen, als darüber, dass wir die Wahl haben. Ja, jede und jeder von uns hat die Wahl: Möchte ich eine kluge oder eine törichte Brautjungfer sein? Habe ich im Blick, dass es jeden Augenblick passieren kann, dass das Leben an meine Tür klopft und jemand ruft: *»Das Leben ist da! Kommt alle, um es willkommen zu heißen!«* Ich würde sagen: Wenn das Leben vor der Tür steht, dann möchte ich bereit sein. Was das bedeutet: Darüber lässt sich wunderbar diskutieren. Und: Es lohnt sich!

11. Das große Gastmahl

Ein Mensch veranstaltete ein großes Fest und lud viele Leute dazu ein. Kurz bevor es losgehen sollte, schickte er einen seiner Knechte los, um den Gästen ausrichten zu lassen: »Kommt! Es ist alles bereit.«

Da fingen auf einmal alle an, sich zu entschuldigen. Der erste sagte: »Ich habe gerade einen Acker gekauft, den ich jetzt unbedingt inspizieren muss. Tut mir leid.« Der nächste erklärte: »Ich habe fünf Gespanne Rinder gekauft, die ich prüfen muss. Es klappt leider nicht.« Und ein anderer meinte: »Weil ich ganz frisch verheiratet bin, kann ich nicht mit dabei sein.«

Als der Knecht seinem Herrn das alles ausrichtete, wurde der wütend und sagte: »Dann geh auf die Straßen und Gassen der Stadt und bringe alle Armen, Versehrten, Blinden und Lahmen her.«

Wenig später kam der Knecht erneut zu ihm: »Das habe ich gemacht, aber es ist immer noch Platz.« Da sagte sein Herr: »Dann geh auf die Wege und an die Hecken und Zäune und sorge dafür, dass die Leute kommen, damit mein Haus voll wird.

Und ich sage euch: Keiner von denen, die ursprünglich eingeladen waren, wird bei meinem Fest dabei sein.«

Lukasevangelium 14,16–24

Gelegentlich kann es anregend sein, eine biblische Geschichte einfach mal eins zu eins in unsere Gegenwart zu übertragen. Am besten so, dass man selbst Teil des Geschehens wird. Dann sähe die Szenerie eventuell folgendermaßen aus:

Ich lade alle meine Freundinnen und Freunde zum Geburtstag ein – und freue mich schon total auf mein tolles Fest. Kurz vor dem großen Tag frage ich dann per Mail noch mal nach, wie es denn so aussieht … und plötzlich sagen alle ab. Mit ziemlich fadenscheinigen Begründungen: Die eine hat kurzfristig Konzertkarten für Pur geschenkt bekommen, der nächste muss seine neue Gartenhütte aufbauen, und die dritte will mit ihrem Shar-Pei-Welpen unbedingt zum Basiskurs *Stubenrein in vier Tagen*.

Darüber rege ich mich so auf, dass ich meiner Liebsten sage: *»Tu mir einen Gefallen, geh auf die Straße und lade einfach alle ein, die du triffst.«* Was sie tatsächlich macht. Um mir kurz darauf zu verkünden: *»Ich habe einige gefunden, aber es ist immer noch Platz.«* Und ich bitte sie, ein weiteres Mal loszuziehen: *»Nimm wirklich jeden, den du findest. Egal wen. Ich will, dass die Hütte voll wird.«* Seltsame Vorstellung, oder? Aber so haben viele Zuhörerinnen und Zuhörer die Geschichte damals gehört.

Das gilt vermutlich sogar für diejenigen, die schon früh geahnt haben, dass sich hinter dieser Party-Crasher-Story mehr verbirgt. Zum Beispiel muss ich erwähnen, dass Jesus das *Gleichnis vom großen Gastmahl* damals in einer äußerst angespannten Atmosphäre erzählt. Er ist nämlich zu Gast im Haus eines Pharisäers – also eines Menschen, dem bestimmte überlieferte Formen des Glaubens sehr wichtig sind – und es heißt schon in der Einleitung: *»Sie gaben auf Jesus acht.«* (Lukasevangelium 14,1) Mit anderen Worten: *Sie schauten genau hin, was er machte und sagte. Um zu prüfen, was das überhaupt für ein Zeitgenosse ist.* Und offen gesagt: Jesus benimmt sich total daneben. Zumindest in den Augen der meisten Anwesenden, die sich, wie schon erwähnt, für besonders rechtgläubig halten.

Als Erstes heilt der Gast vor den Augen dieser Leute einen wassersüchtigen Mann. Am Sabbat. An einem Tag, an dem jeder Pharisäer allerhöchsten Wert darauf legte, dass das *Feiertagsgebot* auch ja eingehalten wird. Was für ein Affront! Beziehungsweise: Was für eine Unverschämtheit! Und dann kann Jesus es nicht lassen und legt noch einen drauf: *»Jetzt mal ehrlich: Gibt es hier irgendjemanden in dieser Runde, der nicht seinen Sohn oder einen Ochsen, wenn der am Feiertag in den Brunnen fällt, sofort herausziehen würde?«*

Kleine Fangfrage. Oder besser gesagt: eine mehr oder weniger verkappte Beleidigung. Und was für eine! Denn in diesen Worten klingt ja an: *»Ihr seid doch Heuchler. Wenn ich am Sabbat einen Kranken heile, regt ihr euch auf, aber wenn es um eure privaten Angelegenheiten ginge, würdet ihr das Feiertagsgebot doch auch, ohne mit der Wimper zu zucken, brechen.«*

Aber damit nicht genug: Als Jesus mitbekommt, dass es unter den Gästen vor Ort eine Diskussion darüber gibt, wer welchen Platz bekommt (es galt damals als besonders ehrenvoll, möglichst nah beim Gastgeber sitzen zu dürfen), ermutigt er alle, sich gefälligst den schlechtesten Platz auszusuchen. Warum? Weil es viel besser sei, nach vorne gebeten als degradiert zu werden. Und er schließt seine Ausführungen mit den kernigen Worten: *»Wer sich selbst erhöht, der soll erniedrigt werden, und wer sich selbst erniedrigt, der soll erhöht werden.«*

Starker Tobak! Doch damit noch immer nicht genug. Jetzt knöpft sich Jesus auch noch den Gastgeber persönlich vor und erklärt ihm vor versammelter Mannschaft: *»Wenn du schon ein Festessen veranstaltest, dann lade gefälligst nicht deine Freunde oder Verwandten ein, also nicht die Leute, von denen du erwartest, dass sie die Einladung möglichst bald erwidern, sondern lade Arme, Kranke und Verachtete ein, bei denen du weißt, dass sie dir diese Einladung nicht vergelten können.«* (Lukasevangelium 14,12–14) Autsch. Das tut weh! In einer Kultur, in der Gastfreundschaft fast heilig war, einem Einladenden zu sagen, er mache das doch nur aus egoistischen Gründen, war wie ein Schlag ins Gesicht. Eine Kränkung sondergleichen. Wirklich ein Fauxpas!

Jetzt haben wir eine Ahnung von der Stimmung, in der Jesus das *Gleichnis vom großen Gastmahl* erzählt hat: eine Stimmung voller Misstrauen, Unbehagen und Kritik. Vor allem aber werden Sie merken: Wenn Sie die Geschichte jetzt noch einmal lesen, bekommt jedes Wort eine ganz neue Brisanz. Denn alle wussten damals: Dieser Wanderprediger bezieht sich gerade auf unsere Situation. Er kommentiert mit dem Gleichnis das, was wir soeben erlebt haben. Eine ziemlich vertrackte Situation.

Tatsächlich wird in den Auslegungen zu unserem Gleichnis regelmäßig erwähnt, dass auch dieser Gastgeber offensichtlich vor allem Menschen eingeladen hatte, die auf der gleichen sozialen Stufe stehen wie er. Und das, obwohl die Thora (eine geistliche Schrift des Judentums) alle Menschen dazu verpflichtet, den Armen beizustehen. Insofern ist auch der eben erwähnte Vorwurf der Heuchelei nicht an den Haaren herbeigezogen: Bei den Pharisäern, die ständig das Festhalten an den Geboten Gottes fordern, haben sich Theorie und Wirklichkeit anscheinend weit voneinander entfernt.

Die Anhängerinnen und Anhänger dieser traditionsbewussten Bewegung betonen zwar andauernd, wie wichtig es sei, das Feiertagsgebot strikt einzuhalten, gleichzeitig haben sie die mindestens genauso bedeutsamen Gebote zur Unterstützung der Armen unter den Tisch fallen lassen. Wobei es hierbei nicht um Pharisäismus-Bashing geht, weil wir dieses Phänomen ja bis heute finden: Geistliche Gruppierungen suchen sich einzelne Regeln aus der Bibel aus und beißen sich an ihnen fest, während sie genauso wichtige biblische Vorgaben eiskalt unter den Tisch fallen lassen. Das nennt Jesus *Heuchelei*.

Und natürlich müssen sich alle Glaubenden bis heute fragen lassen: Lade ich nur Menschen ein, von denen ich mir eine Gegenleistung erhoffe – oder auch solche, bei denen ich weiß, dass es nie eine Gegeneinladung geben wird. Anders gesagt: Mache ich gute Dinge für mich … oder für den Himmel? Um diesen Konflikt mal etwas allgemeiner auszudrücken: Jemand, der die Gebote nur hält, weil er hofft, dadurch ins Paradies zu kommen, hat den Sinn der Gebote überhaupt nicht verstanden. Wir halten die Gebote hoffentlich deshalb, weil wir erkannt haben, dass sie richtig sind. Dass sie uns und der Gemeinschaft ermöglichen, vernünftig zusammenzuleben. Nicht, weil wir auf eine Belohnung spekulieren. Wer die Gebote nur aus egoistischen Gründen beachtet, missbraucht sie.

Deshalb sollte auch niemals jemand sagen: *»Du musst Gott lieben, damit du nicht in die Hölle kommst!«* Wie pervers ist denn so eine Aussage? Erstens kann man Liebe ohnehin nicht befehlen – und zweitens will Gott so eine Liebe gar nicht. Stellen Sie sich bitte mal vor, Sie finden eines Tages raus, dass Ihre Partnerin oder Ihr Partner nur mit Ihnen zusammen ist, weil sie oder er Ihr Erbe haben will. Ekelhaft. Gott will auch nicht, dass wir ihn nur lieben, um ein VIP-Ticket für die Himmelslounge zu bekommen. Oder aus Angst, sonst von fiesen Teufelchen gegrillt zu werden. Das alles hätte mit Liebe nichts zu tun. Liebe kann man nur freiwillig verschenken. Genau das und nur das wünscht sich Gott.

Wenn wir all diese Aspekte mit in die Deutung unseres Gleichnisses einfließen lassen, dann macht der Gastgeber darin anfangs auch gar keine besonders gute Figur: Er ist einer von den Begüterten, die offensichtlich nur Gäste des gleichen Standes einladen. Doch jetzt kommt der erzählerische Kniff: Dieser Gastgeber macht eine Kehrtwende. Und zwar eine absolute. Wobei es nicht schlimm zu sein scheint, dass darin auch Verletzung, Rachegedanken, Wut und Ärger mit hineinspielen.

Der Gastgeber ändert sein Verhalten und holt jetzt (anders als der reale Gastgeber von Jesus) lauter Menschen an seinen Tisch, die dort sonst nicht vorkommen: die Vergessenen, die Verlorenen, die am Rand der Gesellschaft Stehenden, die, die niemand im Blick hat. Ein Phänomen, das wir im Verhalten Jesu immer wieder beobachten. So wie er ja auch sehr klar sagt: *»Nicht die Gesunden brauchen einen Arzt, sondern die Kranken.«* (Matthäusevangelium 9,12)

Mehr noch, den geistlich Armen verspricht Jesus sogar einen besonderen Segen: *»Selig sind die geistlich Armen, denn ihnen gehört das Himmelreich.«* (Matthäusevangelium 5,3) Wobei hier nicht die Rede von einem niedrigen IQ ist, sondern davon, dass ein Mensch sich bewusst ist, wie sehr er auf die Unterstützung Gottes angewiesen ist, um sein Leben entfalten zu können (*arm* stünde dann für *bedürftig*). Womit auch an dieser Stelle darauf hingewiesen wird, dass sich niemand selbst überschätzen oder selbstgerecht für etwas Besseres halten sollte.

Eine solche eher sozialkritische Auslegung des *Gleichnisses vom großen Gastmahl* hebt vor allem die Fürsorge Gottes für die vom Schicksal Gebeutelten und die fehlende Fürsorge gerade der sich so gesetzestreu Fühlenden hervor.

Aber natürlich soll durch diese Interpretation nicht unterschlagen werden, dass Jesus mit dieser Parabel zugleich einen Blick auf das sogenannte Jüngste Gericht wirft – also den Moment, in dem Gott schaut, wie gut wir durchs Leben gekommen sind. Dann könnten wir das Gleichnis so deuten: Viele Menschen, die Gott nahestehen (also: die Frommen), werden von ihm eingeladen. Doch wenn es ernst wird, haben einige davon nur ihre eigenen Anliegen im Blick, so dass Gott sich entscheidet, dafür diejenigen einzuladen, die bislang nicht in seiner Nähe waren und tatsächlich Hilfe brauchen. Ja, der Knecht wird bei seiner zweiten Einladungsrunde sogar aufgefordert, die Leute gegebenenfalls zu nötigen. Insofern ist das Einzige, was die Ersatzgäste qualifiziert, die Tatsache, dass sie *»auf den Wegen und an den Hecken und Zäunen leben«*.

Trotzdem ist es sicher kein Zufall, dass in unserem Gleichnis die Reichen gegen die Armen ausgetauscht werden – so dass wir herausfinden müssen, worin jeweils der Reichtum, beziehungsweise die Armut der Leute besteht. Und so, wie es den angeblichen *Freundinnen und Freunden* des Gastgebers wichtiger ist, ihre privaten Dinge zu erledigen als bei ihm zu sein – gilt es, wie im *Gleichnis von den klugen und den törichten Jungfrauen* zu schauen, ob wir denn auf die Einladung Gottes angemessen reagieren würden; oder ob uns auch letztlich andere Dinge viel wichtiger sind. Und seien es nur *fünf neue Gespanne Ochsen.* Oder der neue *Gartengrill.*

Dass unser Gleichnis heute nicht nur als Bild für das Weltgericht, sondern auch als Mahnung gegen unehrliche geistliche Strömungen und als Ruf zur Verantwortung gegenüber sozial Benachteiligten verstanden wird, hat unter anderem damit zu tun, dass es viele Jahrhunderte lang in einer Weise ausgelegt wurde, in der ein christlicher Antijudaismus anklingt. Nach dieser Deutung stehen die ursprünglich Eingeladenen für das Volk Israel, das aber Besseres zu tun hat, als auf Gottes Wort zu hören – und das der von Jesus doch so klar wiederholten Einladung Gottes nicht folgen will. Der ausgesandte Knecht verkörpert in diesem Fall Jesus selbst, den *Gottesknecht,* der wie schon die Propheten versucht, die Menschen an den Tisch Gottes zu bringen, während die Christinnen und Christen die verschmähten Plätze der absagenden Jüdinnen und Juden einnehmen.

Nun ist das eine Auslegung, die das Gleichnis nur bedingt hergibt … und die eher dem Wunschdenken vieler Interpretierender entspricht. Denn wie gesagt: Weder lässt sich der massive Gegensatz von *Reich* und *Arm* so schlicht auf das Verhältnis von *Judentum* und *Christentum* übertragen, noch haben die von den Straßen geholten Ersatzgäste irgendeine geistliche Kompetenz. Nichts weist daraufhin, dass diese Leute für das Christentum stehen. Nein, hier geht es (zumindest auch) um die besondere Zuwendung Gottes zu den Armen und Ausgestoßenen. Und es scheint – jedenfalls in dieser Darstellung – relativ egal zu sein, was sie glauben.

Außerdem: Wenn der Gastgeber im Gleichnis tatsächlich nur für Gott, den großen welthistorischen Einladenden, stünde, dann käme er, gelinde gesagt, ziemlich schlecht weg. Er ist, wie schon angedeutet, wütend, erbost, verärgert und aggressiv. In der Parallel-Überlieferung unserer Geschichte (Matthäusevangelium 22,1–14) rastet der Gastgeber sogar so sehr aus, dass er diejenigen, die ihm absagen und teilweise seine Boten töten, seinerseits umbringen lässt. Lauter Attribute, die Jesus sonst mit Gott wohl kaum in Verbindung bringen würde.

Viel wichtiger ist deshalb der erwähnte Perspektiven-Wechsel: Ein Mann, der sich nur mit Gleichgesinnten umgibt, von denen er sich auch angemessene Gegeneinladungen erhoffen kann, kümmert sich plötzlich um Menschen, die einfach nur Hilfe brauchen. Deshalb gilt: Natürlich können wir uns mit den Eingeladenen identifizieren und überlegen, ob wir (bildlich gesprochen) die Einladung Gottes tatsächlich angenommen haben oder uns mit irgendwelchen Ausreden davor drücken, dieser Einladung auch zu folgen. So wurde das Gleichnis, wie erwähnt, jahrhundertelang gedeutet – und diese Interpretation spielt sicherlich darin auch eine Rolle.

Mindestens genauso inspirierend ist es aber, sich mit der Figur des Gastgebers auseinanderzusetzen und zu prüfen: Aus welcher Motivation heraus treffe ich mich mit bestimmten Leuten? Gibt es Menschen, um die ich mich kümmere, einfach aus Nächstenliebe, auch wenn ich davon keinerlei äußerlichen Vorteil habe? Und: Wenn ich mir überlege, welche Frauen und Männer an meinem Tisch sitzen, wer fehlt dann? Habe ich überhaupt jemals mit Personen außerhalb meiner Bubble zu tun oder umgebe ich mich am liebsten nur mit Gleichgesinnten? Und: Könnte ich mir vorstellen, wie der Gastgeber im Gleichnis durch eine solche Erfahrung selbst verändert zu werden? Eine ganz neue Lebensperspektive zu bekommen? Lauter äußerst anregende Fragen! Zeit, darüber nachzudenken.

12. Vom Haus auf Felsen und Sand

Wer meine Worte hört und sie umsetzt, der ist wie jemand, der sein Haus auf Felsen baute. Als heftiger Regen fiel, Wasserfluten hereinbrachen und Stürme gegen das Haus drückten, da stürzte es nicht zusammen, weil es ein starkes Fundament hatte.

Derjenige aber, der meine Worte hört und nicht umsetzt, der ist wie jemand, der sein Haus auf Sand baute. Als heftiger Regen fiel, Wasserfluten hereinbrachen und Stürme gegen das Haus drückten, da stürzte es sofort zusammen – und dieser Zusammenbruch war gewaltig.

Matthäusevangelium 7,24–27

Dieses Gleichnis ist das große Finale der Bergpredigt, ein fulminanter Schlussakkord, das Fazit dessen, was Jesus vorher in einer eindrucksvollen Rede als Kerngedanken seiner Lehre vorgestellt hat. Es sind wieder mal zwei Geschichten in einer … und wieder mal präsentiert er eine vernünftige und eine depperte Variante. Frei nach dem Motto: *Überlege es dir: Du kannst so oder so leben!*

Diesmal werden uns zwei Häuslebauer vorgestellt, über die wir überhaupt keine weiterführenden Informationen bekommen. Brauchen wir auch nicht. Die beiden stehen einfach für zwei sehr unterschiedliche Arten, mit den Herausforderungen des Lebens umzugehen. Deshalb muss es uns auch nicht irritieren, dass sie jeweils in wenigen Worten ein ganzes Haus zusammenzimmern. Schwupps, schon steht es da! Ging wohl damals ganz flott … mit den Baugenehmigungen in Galiläa.

Ausschlaggebend ist hier was anderes: Die beiden Männer erleben nach der Fertigstellung ihres Eigenheims exakt das Gleiche – aber mit völlig unterschiedlichem Ausgang. Beide Hütten geraten in wilde Orkane; doch während das Haus des einen diese Stürme relativ schadlos überlebt, ist das andere nachher nur noch ein Trümmerhaufen. Und damit sind wir mitten im Zentrum des Orkans, nämlich der Frage: Wie ergeht es uns, wenn die Stürme des Lebens über uns hereinbrechen? Klappen wir dann zusammen oder bleiben wir stehen?

Sympathisch ist an diesem Gleichnis zuerst einmal die Ehrlichkeit. Jesus sagt nämlich unverblümt: *»Ganz gleich, was du für ein Haus hast: Es werden Stürme kommen. Und zwar heftige.«* Was schon damals eine unmissverständliche Absage an alle Verkünderinnen und Verkünder eines süffigen Wohlstandsevangeliums war. Hinter diesem Begriff verbirgt sich die leider irrige Vorstellung, Glaubende hätten grundsätzlich ein besseres Leben. *»Nö«,* sagt Jesus, *»haben sie nicht!«* Auch sie finden sich im Auge des Taifun wieder. Auch sie haben mit den Herausforderungen des Daseins zu kämpfen. Und wie!

Natürlich werden Christinnen und Christen genauso krank wie Nichtglaubende. Auch sie zerstreiten sich mit ihren Kindern, verlieren ihre Jobs, erleben schmerzhafte Trennungen, kämpfen mit Depressionen, fürchten sich vor weitreichenden Entscheidungen, bekommen Eigenbedarfskündigungen, haben Unfälle oder müssen ihren Partnerinnen und Partnern zuliebe alle Staffeln von »Games of Thrones« gucken. Stürme des Lebens: Das sind Ereignisse, die an den Grundfesten unseres Daseins rütteln. Und das manchmal äußerst brutal.

Wie gesagt: Was diesen Aspekt angeht, ist Jesus sehr aufrichtig. Zugleich macht er im *Gleichnis vom Haus auf Fels und Sand* aber deutlich: Manche Menschen werden von derartigen Schicksalsschlägen aus der Bahn geworfen und verzweifeln daran, andere nicht. Die einen brechen zusammen, die anderen *»fallen hin, stehen wieder auf, richten ihr Krönchen und gehen weiter«* – wie es ein beliebter Sinnspruch verkündet.

Worin besteht der Unterschied zwischen diesen beiden Typen? Nun: In der Bildersprache des Gleichnisses hängt alles vom Fundament des Lebenshauses ab. Diejenigen, die ihr *Haus* auf Sand bauen, also auf etwas Instabiles, müssen sich nicht wundern, wenn die Stürme des Daseins alles einstürzen lassen. Diejenigen dagegen, die ihr Lebenshaus auf Felsen bauen, also auf etwas Stabiles, werden entdecken, dass selbst schrecklichste Erfahrungen bei ihnen nicht zu einem völligen Zusammenbruch ihrer Existenz führen.

In der Kirchengeschichte ist vielfach versucht worden, das kernige Symbol des Fundaments zu übersetzen. Zum Beispiel mit *Gottvertrauen.* Denn natürlich hat eine derartige *innere Stärke* (heute heißt das ja cool *Resilienz*) auch was mit Vertrauen zu tun – einem Wort, das ursprünglich *fest machen* oder *fest bleiben* bedeutet. Mit anderen Worten: Ein Mensch, der aus ganzem Herzen glauben kann, dass Gott ihn trotz aller garstigen Erlebnisse liebt … dass der Himmel weiter zu ihm hält und ihn beschützt, wird von Katastrophen jeglicher Art nicht so leicht aus der Bahn geworfen wie jemand, der das nicht glauben kann.

Ja, jemand, der vertraut, hat etwas, an dem sie oder er sich festhalten kann, etwas, das bleibt. Etwas, das ihr oder ihm keiner nehmen kann. Ein Gedanke, der in einem bekannten poetischen Satz sehr schön eingefangen wird: *Ich kann nicht tiefer fallen als in Gottes Hand.* Das ist die existentielle Frage, die das Gleichnis an seine Hörerinnen und Hörer stellt: *»Habt ihr, wenn es ernst wird, wenn die Welt um euch zusammenzubrechen droht, ein Fundament, das euch trägt und hält?«*

Womit wir noch einmal am ersten Gleichnis andocken, dem vom *Schatz im Acker.* Da wollte Jesus ja von uns wissen, ob es in unserem Leben etwas so Wertvolles gibt, dass wir dafür bereit wären, alles andere aufzugeben. Denken wir diesen Gedanken konsequent weiter, dann stellt sich die Frage: Haben wir etwas in unserem Leben, das uns einen so grundsätzlichen Halt gibt, dass wir selbst beim Verlust äußerst kostbarer Bestandteile unseres *Lebenshauses* nicht unser gesamtes Dasein in Frage stellen müssen? Dass da immer etwas bleibt, auf dem wir eine neue Zukunft aufbauen können.

Denn selbstverständlich gibt es Persönlichkeiten, die mit solchen Bedrohungen ihres Lebenskonzeptes nicht gut umgehen können. Die zum Beispiel überzeugt sind: Wenn ich ein Projekt in den Sand setze, wenn ich kein Kind bekomme, wenn ich bei einer sehnsüchtig erhofften Stelle eine Absage erhalte, wenn ich nicht die Anerkennung erhalte, nach der ich mich so sehr verzehre, wenn mich eine innig geliebte Person verlässt, dann ist das Leben nicht mehr lebenswert. Dann wird alles sinnlos. Dann kann ich nie wieder glücklich sein.

Solchen verzweifelten Personen macht Jesus auch an anderer Stelle aus ganzem Herzen Mut, zu prüfen, was denn wirklich ein tragfähiges Fundament darstellt und was nicht. Weil jemand, der beispielsweise ernsthaft denkt, der Sinn seines Lebens bestünde aus seinem beruflichen Erfolg oder der Zuneigung eines anderen

Menschen, ohnehin – wie man im Deutschen aufgrund dieses Gleichnisses sagt – *auf Sand gebaut hat.*

Tatsache bleibt: Wir verwechseln allzu oft das Unwesentliche mit dem Wesentlichen. Natürlich ist es eine Katastrophe, wenn ein heiß geliebter Partner, eine heiß geliebte Partnerin lieber ohne uns durchs Leben gehen will, aber den Wert der eigenen Existenz von jemand anderem abhängig zu machen, ist immer fragwürdig. Deswegen erklären ja fast alle Paar-Ratgeber schon im Vorwort: *»Wer in sich gefestigt ist, der kann auch ein guter Partner oder eine gute Partnerin sein. Wer dagegen versucht, sein Gegenüber für das eigene Glück verantwortlich zu machen, die oder der wird scheitern.«*

Wir sehen: Es lohnt sich, dem eigenen Fundament auf den Grund zu gehen. Wobei es manchmal schon hilft, in einem ersten Schritt für sich zu abzuchecken, welche Dinge eben kein Lebensfundament bieten – auch wenn sie noch so verheißungsvoll klingen mögen. Klar ist zum Beispiel: Wenn jemand überzeugt ist, sein … was weiß ich … Solo im Gospelchor wäre der Kern seines Glücks, dann bricht für sie oder ihn natürlich alles zusammen, wenn die Chorleitung just bei diesem Lied jemand anderen ans Mikrofon bittet. Das mag jetzt ein bisschen banal klingen – aber Sie verstehen, wie ich das meine. Außerdem habe ich in der Vergangenheit schon zu viele emotional am Boden zerstörte Chorsängerinnen und -sänger trösten müssen.

Was ist das Fundament meines Lebens? Das, was mich auch dann hält, wenn alles andere von den Stürmen des Alltags hinweggepustet wird? Ein Bild, das schon in der Antike vielen vertraut war. Selbst eines der ersten historisch wegweisenden Bücher zum Thema *Bauen* – Vitruvs *»Von der Architektur«* aus dem 1. Jahrhundert vor Christus – betont vor allem die Wichtigkeit der Statik und des Fundaments eines Baus. Und wer sich mit den Schicksalen von Menschen beschäftigt, der ahnt, dass Jesus mit dem Bild vom Fundament tatsächlich die Quintessenz eines gelingenden Lebens meint.

Ein befreundeter Krankenhaus- und Hospiz-Seelsorger hat mir schon mehrfach bei einem wundervollen Rioja erzählt, dass ihn eine Erfahrung in seinem Arbeitsfeld jedes Mal besonders berührt: Immer wieder passiert es, dass er nacheinander zwei Sterbende besucht, die exakt die gleiche Diagnose und Lebenserwartung haben. Doch während er bei der einen Person das Gefühl hat, über deren Bett hinge ein riesiges *Nein!* (so seine Worte), meint er, bei der anderen ein riesiges *Ja!* zu sehen. Der eine Mensch hadert mit seinem Schicksal, schimpft und verzweifelt, während der andere (trotz des erwarteten Todes) offensichtlich mit sich, mit seinen Mitmenschen und mit Gott im Reinen ist. So jemand stirbt auch nicht gerne … aber er geht in Frieden. Ein Zustand, der in der Bibel mit dem traumhaft schönen Wort *lebenssatt* bezeichnet wird.

Und möglicherweise ist das eine angemessene Übertragung für das Bild des Fundaments: Kann ich trotz allem, was mir widerfährt, zu mir und meinem Dasein *Ja* sagen? Oder toben in mir nach wie vor Zweifel, ob nicht manches in meinem Leben hätte ganz anders laufen müssen, damit ich wirklich glücklich sein kann? Und genau das ist ein Punkt, an dem viele Glaubende für sich sagen können: *Zu wissen, dass Gott mich liebt und will, dass er Ja zu mir sagt, das schenkt mir die Kraft, selbst Ja zu mir und meinem Leben zu sagen. Und dieses Ja hängt nicht von bestimmten äußeren Erfolgen ab.*

Aufmerksame Leserinnen und Leser werden an dieser Stelle zu Recht einwenden: Der einleitende Satz des *Gleichnisses vom Haus auf Fels und Sand* weist doch noch in eine ganz andere Richtung. Stimmt! Wobei wir sehen werden, dass Jesus damit letztlich das Gleiche nur in anderen Worten ausdrückt. Er sagt: *»Wer meine Worte hört und sie umsetzt, der ist wie …«* Eine logische Zuspitzung all dessen, was er vorher ausgeführt hat. Sinngemäß erklärt er damit: *»Ich habe euch soeben die Kernelemente meiner Lehre von der Liebe Gottes präsentiert. Und jetzt aufgepasst: Ihr könnt meine Bot-*

schaft einfach nur hören, für gut befinden und dann den lieben Gott einen guten Mann sein lassen. Aber dann seid ihr wie ein Typ, der sein Haus auf Sand baut. Etwas für gut befinden, ist kein Fundament. Zum Fundament wird meine Botschaft erst, wenn ihr sie auch umsetzt.«

Das, worum es hier geht, wird im Jakobusbrief so ausgedrückt: *»Hört das Wort nicht nur an, sondern handelt danach! Sonst betrügt ihr euch selbst.«* (1,22) Nur ein Mensch, der das Evangelium, also: die gute Nachricht von Gottes Träumen für diese Welt, lebt und umsetzt, wird ihr gerecht. Ich könnte auch sagen: Erst, wenn wir vom Himmel so ergriffen und durchdrungen sind, dass wir ihn selbst ausstrahlen und durch unser Handeln lebendig werden lassen, ist die Kommunikation Jesu ans Ziel gekommen. Ein Mensch, der *»mit ganzer Seele, ganzem Herzen und all seiner Kraft«* liebt – wie es im Doppelgebot der Liebe heißt, jemand dessen Leben von dem Bewusstsein geprägt ist, dass Gott ihn segnet … so jemand wird auch für andere zum Segen.

Die Ermutigung Jesus *»Lass dich von Gottes Liebe in deiner ganzen Existenz ergreifen und sie in deinem Handeln erkennbar werden«* ist nur ein anderer Ausdruck für das große *Ja zum Leben,* das jemand für sich erkannt hat und an andere weitergeben möchte. Und genau diesen Gedanken packt Jesus sinngemäß in die Formulierung: *»Wer meine Worte tut, der zeigt, dass er sie wirklich verstanden hat und von ihnen ergriffen ist.«* Dass Jesus diese Konkretion besonders am Herzen lag, sehen wir auch daran, dass er – wie mehrfach gezeigt – ständig Kontroversen mit Personen hat, denen er vorwirft, dass sie zwar große Reden schwingen und allen erzählen, wie toll ihr Glauben sei, ihn aber nicht leben; weil sie zum Beispiel Gebote menschenfeindlich auslegen, Randgruppen diskriminieren, nur in ihren engen sozialen Milieus hilfsbereit sind oder ein Gottesbild transportieren, das nicht lebensstiftend, sondern lebenshemmend ist.

Wie sehr ihn die Umsetzung der Liebe bewegt, erläutert Jesus noch einmal ausführlicher im *Gleichnis vom Weltgericht*, das ich Ihnen hier zum Ende noch vorstellen möchte. Jesus erzählt darin vom Jüngsten Gericht, zu dem alle Völker der Erde (also nicht nur jüdische und christlich Glaubende) versammelt werden. Und dann wird es eine Form der Trennung geben: die einen, die auf Erden richtig gehandelt haben, werden vom Protagonisten, einem König, auf die eine Seite geschickt – die anderen, die falsch gehandelt haben, auf die andere.

Doch jetzt kommt die Sensation: Denn auf der *»Guten Seite«* werden einige Leute verdutzt fragen: *»Hä, König, hallo! Wieso sind wir denn hier gelandet? Wir haben doch nie was mit dir am Hut gehabt. Hast du da vielleicht was verwechselt? Du hast doch als Eintrittsbedingung gesagt: ›Ich bin hungrig gewesen und ihr habt mir zu essen gegeben. Ich bin durstig gewesen und ihr habt mir zu trinken gegeben. Ich bin ein Fremder gewesen und ihr habt mich aufgenommen. Ich bin nackt gewesen und ihr habt mich gekleidet. Ich bin krank gewesen und ihr habt mich besucht. Ich bin im Gefängnis gewesen und ihr seid zu mir gekommen.‹ Großer König, das haben wir nie getan, denn wir kennen dich gar nicht.«* Woraufhin der König antwortet: *»Was ihr einem meiner geringsten Brüder getan habt, das habt ihr mir getan.«*

Eine unfassbare Botschaft: Wer Menschen liebevoll begegnet und ihnen Gutes tut, der erfüllt mit seinem Leben die Botschaft Jesu, der beweist durch sein Agieren, dass er verstanden hat, worum es im Leben geht, so jemand tut Gott selbst etwas Gutes – sogar dann, wenn er diesen Gott noch gar nicht bewusst kennengelernt hat.

Um es mit dem Bild dieses Gleichnisses provokant zuzuspitzen: Wer aus Liebe handelt, der ist ein wahrer Christ, eine wahre Christin … und zwar nur die oder der. Und das können sogar Menschen sein, die gar nicht wissen, dass sie christlich handeln. Genau diese Botschaft wird im *Gleichnis vom Haus auf Fels und Sand* beschrieben: Von Liebe erfüllte Menschen haben ein Lebensfundament, sie *setzen die Worte Jesu um.*

Ich habe am Anfang dieses Kapitels leicht polarisierend behauptet, Glaubende hätten nicht automatisch ein besseres Leben. Ich bin nach wie vor überzeugt: In Bezug auf die äußeren Umstände ist das auch richtig. Trotzdem möchte ich meinen Satz gerne revidieren. Denn natürlich führt ein Mensch, der weiß *Auch Stürme hauen mich nicht um* unter'm Strich ein deutlich besseres Leben als eine Person, die die ganze Zeit ahnt, dass ihr die unausweichlichen Herausforderungen des Daseins den Boden unter den Füßen wegziehen werden. Insofern wage ich an dieser Stelle – mir selbst widersprechend – die Aussage: *Ja, Menschen, die von der Liebe Gottes ergriffen sind, sind glücklichere Menschen.* Ob das stimmt, wird man an unserem Handeln sehen.

Nachwort

Zwölf Gleichnisse, zwölf tiefgründige Geschichten, die auf unvergleichliche Weise Himmel und Erde miteinander verbinden. Und während große Denkerinnen und Denker seit Jahrtausenden versuchen, die Metaphysik Gottes (also das, was über die physischen Grenzen unserer fünf Sinne und unseres Verstands hinausgeht) zu ergründen, zeigt Jesus, dass Gott trotz seiner unendlichen Weiten mitten in den Vollzügen unserer Wirklichkeit gefunden werden kann; mitten im prallen Leben: im Verhalten eines Samariters, in der Fürsorge eines Hirten, im Gerechtigkeitsempfinden eines Weinbauern oder in der Klugheit einer Brautjungfer, die erwartungsvoll ihre Zeit plant. Das ist wahrlich große Literatur: Texte, die so tief in unserer Realität verwurzelt sind, dass ihre Äste bis in den Himmel reichen.

Jesus schaut in die Welt – und entdeckt dort Gott. Das bedeutet, für mich, zugleich: Wenn wir uns nicht nur auf die Inhalte der einzelnen Gleichnisse einlassen, sondern auch auf diese ganz spezielle Sichtweise des Wanderpredigers aus Nazareth, dann wird seine Perspektive direkt zu einer Einladung: *»Lerne, die Welt so zu betrachten, dass du darin die Spuren Gottes findest!«* Werde eine Spurensucherin, ein Spurensucher des Himmels! Setze dich auf die Fährte des Himmelreichs … und du wirst Gottes Präsenz immer deutlicher wahrnehmen. Ja, die Welt wird allein durch diesen Blick für dich eine andere Welt werden. Und schon dadurch wirst du Teil des Himmelreichs!

Ein in sich geschlossenes, dogmatisch verkündbares *»Gottesbild«* liefern die Gleichnisse dabei nicht. Gott sei Dank! Denn genau darin liegt ihre einzigartige Stärke: Sie bieten einen offenen Spielraum für unsere Sehnsüchte und Sorgen und fordern uns auf, uns selbst – und damit auch dem Gott, der uns aus Liebe geschaffen hat und dessen Ebenbild wir sind (Genesis 1,26) – auf unterhaltsame Weise auf die Schliche zu kommen. Die Gottesbilder, die wir dabei finden, sind dann nicht vorgeschrieben oder verordnet, sondern selbst entdeckt, selbst erfühlt, selbst erlebt, selbst verwirklicht. Und das gibt ihnen ihre unverwechselbare Kraft.

Zudem zielen die Gleichnisse ja explizit auf Veränderungen hin. Wer sich auf sie einlässt, der kann gar nicht anders, als sein Verhalten und seine Einstellungen zu überdenken. Gerade dann, wenn Jesus, wie etwa im *»Gleichnis vom Haus auf Fels und Sand«* die Umsetzung seiner Worte selbst zum verkappten Helden seiner eindrücklichen Erzählung macht. Dass der begnadete Geschichtenerzähler dabei besonders gerne konventionelle Erfahrungen mit verblüffend neuen Mustern konfrontiert, macht die Gleichnisse so herausfordernd. Sie geben einen unerwarteten Impuls, der im Leben seiner Zuhörerschaft … der in jedem Leben Gestalt annehmen kann.

Das bedeutet auch: Jesus führt uns mit seinen verrückten Geschichten vor Augen, dass die Sprache ein Medium ist, mit dem man die Realität nicht nur erkunden, sondern auch kreativ weiterentwickeln kann. Dass Sprache in der Lage ist, das Bestehende zu erschüttern, zu erneuern und neu zu gestalten. Ich finde das fantastisch: Sprache trägt dazu bei, dass Menschen einen unerwartet weiten Horizont oder einen neuen Bezug zum Himmel bekommen. Wenn das stimmt, dann sind die Gleichnisse im besten Sinne des Wortes *»missionarisch«*. In ihnen steckt eine Mission. Jesus möchte, dass wir uns verändern und dabei uns selbst und Gott näherkommen.

Ich habe es in der Einleitung schon erwähnt: Wenn die narrative Strahlkraft der Gleichnisse unter anderem darin besteht, dass die gewählten Motive den Zuhörenden damals absolut vertraut waren, dann wird es höchste Zeit, die *»Kunst des Gleichnis-Erzählens«* neu zu lernen. Damit auch im 21. Jahrhundert Menschen feststellen, dass die ihnen scheinbar so vertraute Welt von himmlischer Erzählkraft durchdrungen ist.

Um Ihnen zu zeigen, wie so etwas aussehen kann, stelle ich Ihnen zum Schluss eine Ballade vor, die getrost als neues Gleichnis bezeichnet werden kann. Ganz modern ist das Setting der Legende, die das Musikkabarett »Duo Camillo« in Versform gebracht und vertont hat, nicht, aber es illustriert, dass das, was Gleichnisse können, zu allen Zeiten und in jedem Kontext funktioniert. Viel Vergnügen!

Das Geschenk des Rabbis

Der Abt kam verzweifelt zum Rabbi:
»Ich brauch deinen Rat, ganz geschwind.
Du weißt, unser Kloster wird kleiner …
dass wir nur noch fünf Mönche sind.
Warum will denn keiner mehr glauben?
Sieht niemand, wie kostbar das ist?«
Da weinten die beiden zusammen,
weil Traurigkeit alles zerfrisst.
Dann sagte der Rabbi ganz leise:
»Ich hab keine Lösung für dich.
Aber eines, das muss ich dir sagen,
das spür ich schon lang innerlich.

Ich glaub:
Einer hier ist der Messias,
einer von euch ist die Hoffnung der Welt.
Einer kann alles verändern,
wenn er sein Licht nicht untern Scheffel stellt.
Euch wird der Segen zuteil:
Einer von euch ist das Heil.«

Der Abt sprach sofort mit den Brüdern.
»Wer unter uns könnte es sein?
Vielleicht ich als Prior persönlich.
Oder Thomas mit sein'm Heilgenschein.
Ganz bestimmt nicht Bruder Eldred,
denn der nörgelt und macht alles schlecht.
Obwohl: Vielleicht ja doch Bruder Eldred,
denn meistens, da hat er ja recht.
Bruder Philipp, der ist zwar 'ne Lusche,
aber er hat uns schon so oft vereint.«

Und jeder fing an, sich zu fragen:
»Hat der Rabbi vielleicht mich gemeint?«

Einer hier ist der Messias,
einer von euch ist die Hoffnung der Welt.
Einer kann alles verändern,
wenn er sein Licht nicht untern Scheffel stellt.
Euch wird der Segen zuteil:
Einer von euch ist das Heil.

Doch während sie noch überlegten,
geschah etwas sanft und versteckt:
Sie behandelten sich und die anderen
auf einmal so voller Respekt:
»Wer weiß: Vielleicht ist das der Messias!«
Und wer als Gast kam, der spürte sofort:
Hier weht jetzt ein Atem der Liebe,
das ist ein besonderer Ort.
Bald kamen auch neue Novizen.
Der Abt sang ein Lied: »Oh, ich denk,
dass all das hier noch mal so aufblüht,
das war wohl des Rabbis Geschenk.«

Eine hier ist der Messias,
eine von euch ist die Hoffnung der Welt.
Eine kann alles verändern,
wenn sie ihr Licht nicht untern Scheffel stellt.
Euch wird der Segen zuteil:
Einer von euch ist das Heil.

Materialien für Hauskreise und Gottesdienste

Vieles im Leben können wir (über uns) selbst herausfinden. Aber einiges nehmen andere Menschen deutlich besser an uns wahr, als wir selbst es tun. Außerdem können uns wohlmeinende Begleiterinnen und Begleiter mit ihrer Lebenserfahrung in unserer Entwicklung natürlich auch hilfreich zur Seite stehen.

Darum lädt dieses Buch Sie ein, die Gleichnisse nicht nur als Einzelgängerin oder Einzelgänger zu erkunden, sondern in einem Entdecker-Team. Viele Institutionen bieten ohnehin regelmäßig Gesprächskreise an, aber natürlich dürfen Sie sich auch einfach ein paar Gleichgesinnte suchen und sich gemeinsam von den Impulsen der Gleichnisse zum Weiter-Entwickeln ermutigen lassen.

Dazu gibt es in diesem Anhang zu jedem Gleichnis einige Inspirationen, die Ihnen helfen wollen, solche Gespräche zu strukturieren und inhaltlich zu gestalten. Dabei könnte der Ablauf eines Treffens zum Beispiel so aussehen (die einzelnen Elemente stelle ich Ihnen gleich noch vor): Begrüßung, Betrachtung des Bildes, Vorlesen des Gleichnisses, Ice-Breaker, Fragen zur Diskussion, Call-to-Action, Leit-Vers mitnehmen.

Was verbirgt sich hinter diesen Stichworten? Hier jeweils eine kurze Erläuterung.

Begrüßung

Ein herzliches Willkommen, eine kurze Übersicht über den Abend und eine Vorstellung des Themas sind wie ein roter Teppich für das gemeinsame Gespräch, den man unbedingt ausrollen sollte. Dazu finden Sie zu jedem Gleichnis hier einen kurzen Vorschlag.

Betrachtung des Bildes

Die Illustrationen der Künstlerin Joy Katzmarzik führen in die Thematik des Gleichnisses ein, ohne zu viel zu verraten. Und es kann sehr anregend sein, sich kurz in der Gruppe darüber zu unterhalten, welche Assoziationen das jeweilige Bild in uns auslöst.

Vorlesen des Gleichnisses

Da womöglich nicht alle das Kapitel gelesen haben, sollte der Gleichnis-Text noch einmal vorgelesen werden. Und vielleicht gehört ja zur Runde eine begabte Erzählerin, die Lust hat, die Geschichte frei zu erzählen. Das kommt der ursprünglichen Situation am nächsten.

Ice-Breaker-Frage

Um miteinander ins Gespräch zu kommen, hilft meist eine Ice-Breaker-Frage, also ein humorvoller Einstieg, der das Eis bricht. Sie werden merken: Auch wenn es gelegentlich so scheint, als hätte diese Frage mit dem Thema gar nichts zu tun, täuscht der Eindruck.

Fragen zur Diskussion

Nun können Sie anhand von sieben Fragen die Leitgedanken des Gleichnisses aufgreifen und weiterführen. Achten Sie dabei darauf, dass die Beteiligten nicht in »Allgemeinplätzen« reden, sondern von sich erzählen. Es geht um persönliche Bezüge.

Call-to-Action

Weil die Gleichnisse Jesu dazu auffordern, uns weiterzuentwickeln, gibt es zu jeder Geschichte eine Konkretion, wie die Teilnehmenden das Gehörte tatsächlich umsetzen können. Vielleicht ja sogar als Hausaufgabe, von der man in der nächsten Runde berichtet.

Leit-Vers

Bibeltexte kommen uns oft dadurch näher, dass wir sie auswendig lernen. Deshalb finden Sie hier zu jedem Text einen – meist knappen – Vers, der sich gut memorieren lässt und wie eine Erinnerung an das jeweilige Thema funktioniert. Einfach mal ausprobieren!

Gestaltung

Mit den genannten Elementen können Sie ohne großen Aufwand sehr bewegende Treffen gestalten. Noch schöner wird es, wenn die jeweiligen Gastgeber für etwas zu trinken und zu essen und ein bisschen Ästhetik sorgen. Sei es ein Blumenstrauß, eine Kerze oder ein paar ansprechende Servietten. Vielleicht fällt Ihnen ja sogar ein passendes Gestaltungselement ein, das sofort das Thema des Treffens aufscheinen lässt: eine kleine Schatzkiste … einige Senfkörner … ein paar (verlorene) Münzen … Weintrauben … oder ein Pflaster vom Arbeiter-Samariter-Bund.

Lieder, Gebete, Erfahrungen

Je nach Art der Gruppe kann es außerdem guttun, wenn auch gemeinsam gesungen oder gebetet wird. Schließlich geht es bei den Gleichnissen – wenn wir Jesus vertrauen – darum, den Himmel auf Erden zu erforschen. Und dabei können gerade Musik oder spirituelle Zugänge sehr hilfreich sein. Oder aber ein gemeinsamer Spaziergang durch einen Weinberg oder zu einer Schafherde. Oder das Angebot, einander (wie der Vater im *»Gleichnis vom verlorenen Sohn«*) am Ende der Diskussion herzlich zu umarmen.

Ob und wie Sie solche sinnlichen Elemente einbauen wollen, liegt ganz bei Ihnen, sie können aber wesentlich dazu beitragen, sich ganzheitlich auf ein Gleichnis einzulassen.

So, und jetzt: Gute Gespräche!

1. Das Gleichnis vom Schatz im Acker

Begrüßung

»Worauf kommt es im Leben wirklich an?« Gibt es auf diese Frage eigentlich eine allgemeingültige Antwort – oder muss das jede und jeder für sich selbst rausfinden? Vor allem aber: Können wir konkret etwas machen, um den Sinn unseres Daseins zu entdecken? Darum geht es im berühmten Gleichnis *»Vom Schatz im Acker«*.

Ice-Breaker-Frage

Plötzlich steht sie vor uns, die berühmte Fee im Glitzerkleid, und sagt: *»Du hast einen Wunsch frei!«* Was würdest du dir wünschen?

Fragen zur Diskussion

1. Könnte ich spontan sagen, was das Wichtigste in meinem Leben ist?
2. Was ist der Grund meines Lebens? Oder: Wofür bin ich da?
3. Habe ich schon mal etwas getan, um das Wichtigste zu finden?
4. Was hält mich im Alltag davon ab, das Wichtigste zu suchen?
5. Habe ich schon einmal etwas geopfert, um einen »Schatz« zu bekommen?
6. Über was in meinem Glauben freue ich mich am meisten?
7. Warum ist das Himmelreich für Jesus wie der »Fund eines Schatzes?«

Call-to-Action

Schreib' dir im Lauf der kommenden Woche selbst einen Brief, in dem du dir erklärst, worauf es deiner Meinung nach im Leben wirklich ankommt.

Leit-Vers

»Wo dein Herz ist, da ist dein Gott.«
Martin Luther

2. Das Gleichnis vom neuen Wein in alten Schläuchen

Begrüßung

Die Welt verändert sich ständig. Darum sollten wir unsere Traditionen und Überlieferungen regelmäßig einem Gesundheitscheck unterziehen: Sind sie nach wie vor lebensstiftend oder funktionieren sie eigentlich nicht mehr? Um diese Spannung zwischen der »Bewahrung des Guten« und der »Veränderung zum Besseren« geht es im *»Gleichnis vom neuen Wein in alten Schläuchen«*. Und darum, welche Rolle wir in solchen Prozessen spielen.

Ice-Breaker-Frage

Welche gesellschaftliche Regel oder Konvention würdest du am liebsten sofort abschaffen?

Fragen zur Diskussion

1. Orientiere ich mich eher an der Vergangenheit oder an der Zukunft?
2. Würde man mich in die Kategorie »Tradition« oder in die Kategorie »Innovation« einordnen?
3. Habe ich schon einmal erlebt, dass ich zwischen einem vermeintlichen Gebot und der Liebe wählen musste?

4. Wann habe ich das letzte Mal bei einer Tradition oder einem kirchlichen Brauch gedacht: *»Das stimmt nicht mehr«*?
5. Wo erlebe ich, dass das »Alte« und das »Neue« nicht zusammenpassen?
6. Warum meint Glaube im Sinn der Aufklärung auch: *»Wage es, selbst zu denken«?*
7. Was sind womöglich die »alten Schläuche« in meinem Leben, die ihre beste Zeit hinter sich haben?

Call-to-Action

Jede und jeder nennt eine Veränderung, die sie oder er gerne in seinem Leben durchführen würde und welchen ersten konkreten Schritt sie oder er dafür in den kommenden Tagen machen wird.

Leit-Vers

»Seht, ich mache alles neu!«
Offenbarung 21,5

3. Das Gleichnis vom Licht unterm Scheffel

Begrüßung

Eines der großen Motive der Bibel ist der Zuspruch: *»Ihr seid das Licht der Welt!«* Nur: Was genau bedeutet das? Wie entdeckt man die eigene Leuchtkraft – und wie bringt man Licht ins Dunkel der Welt? Das Sprichwort *»Du sollst dein Licht nicht untern Scheffel stellen«* stammt aus dem Gleichnis, um das es heute geht, und macht Mut, darüber nachzudenken, ob wir am richtigen Ort sind … da, wo wir unsere Strahlkraft optimal entfalten können.

Ice-Breaker-Frage

Was motiviert dich, morgens aufzustehen?

Fragen zur Diskussion

1. Macht es einen Unterschied, ob es mich gibt oder nicht? Und wenn ja, für wen?
2. Kann ich tatsächlich glauben, dass ich ein *»Licht der Welt«* bin?
3. Wie kann man den Satz deuten: *»Da bringt einer Licht ins Dunkle«?*
4. Wo wird es in der Welt durch meine Existenz erfahrbar *»heller«?*
5. Wo stelle ich mein Licht gelegentlich unter einen Scheffel?
6. Bin ich mit dem, was ich tue und habe, am richtigen Ort?

7. Wo könnte mein Licht womöglich deutlich heller leuchten als bisher?

Call-to-Action

Jede und jeder sagt einer anderen Person in der Gruppe, was sie oder er als deren oder dessen *»Leuchtkraft«* empfindet und motiviert sie oder ihn, das bewusster auszuleben. Etwa: *»Ich finde, du kannst wunderbar zuhören. Und ich möchte dich ermutigen, diese Begabung noch intensiver zu leben.«*

Leit-Vers

»Lasst euer Licht leuchten vor den Menschen.«
Matthäusevangelium 5,16

4. Das Gleichnis von den anvertrauten Talenten

Begrüßung

Was machen wir aus unseren Begabungen? Das ist das Thema des *»Gleichnisses von den anvertrauten Talenten«*, das auch einlädt, Verantwortung für die eigenen Möglichkeiten zu übernehmen. Was das bedeutet und wie wir dem, was in uns angelegt ist, gerecht werden können: Darum geht es heute!

Ice-Breaker-Frage

Wenn ich jetzt sofort ein Meister in irgendeiner Disziplin oder Fähigkeit sein könnte: Welche würde ich wählen?

Fragen zur Diskussion

1. Kann ich mir vorstellen, dass Gott in mich ein Stück Himmel hineingelegt hat?
2. Was sind meine drei größten Talente?
3. Was heißt für mich: *»Die oder der hat aus ihrem oder seinem Leben was gemacht«*?
4. Welche meiner Talente habe ich konkret gefördert und welche nicht?
5. Habe ich schon mal andere dafür verantwortlich gemacht, dass ich mich nicht entfalten konnte?
6. Empfinde ich eine Verantwortung für das Arbeiten mit meinen Talenten?

7. Wie verstehe ich den Satz *»Wer da hat, dem wird gegeben!«*

Call-to-Action

Überlegt bitte bis zum nächsten Treffen: Wenn ich eine Visitenkarte drucken lassen müsste, die mit einem Wort beschreibt, wer oder was ich bin, was würde dann da stehen? Zum Beispiel: *»Traumermöglicher«* oder *»Planungsprofi«* oder *»Hoffnungsstifterin«*.

Leit-Vers

»Erwecke die Gabe Gottes, die in dir ist.«
1. Timotheus 4,14

5. Das Gleichnis vom verlorenen Sohn

Begrüßung

Heute geht es um das vermutlich bekannteste Gleichnis Jesu, das *»Gleichnis vom verlorenen Sohn«*. Eine von drei Geschichten, in denen betont wird, wie wichtig es ist, sich gerade um die »Verlorenen« der Gesellschaft zu kümmern. Warum in dieser Botschaft eine große Hoffnung steckt, ist das zentrale Thema des heutigen Treffens.

Ice-Breaker-Frage

Hast du schon mal eine Riesen-Suchaktion für etwas gestartet, was du verloren hattest?

Fragen zur Diskussion

1. Wann habe ich mich schon mal total verloren gefühlt?
2. Mit welchem vermeintlichen *»Abschaum«* würde Jesus wohl heute rumhängen?
3. Kann ich mir vorstellen, dass jemand liebevoll auf mich wartet, auch wenn ich alles falsch gemacht habe?
4. Kann ich feiern, wenn ich nach einem Scheitern wiedergefunden werde?
5. Kann ich feiern, dass andere nach einem Scheitern wiedergefunden werden?

6. Habe ich schon mal eine *»Auferstehung«* erlebt wie der verlorene Sohn?
7. Finde ich es in Ordnung, dass Gott sich vor allem um die »Verlorenen« kümmert?

Call-to-Action

Denke an einen Menschen, den du »verloren« hast – und gehe einen ersten Schritt der Versöhnung auf ihn zu.

Leit-Vers

»Wenn ihr mich von ganzem Herzen sucht, will ich mich von euch finden lassen.«
Jeremia 29,13

6. Das Gleichnis vom barmherzigen Samariter

Begrüßung

Noch eine berühmte Geschichte: *»Das Gleichnis vom barmherzigen Samariter«*. Die Antwort Jesu auf die Frage, wer denn eigentlich mein Nächster sei. Und diese Story sprengt nicht nur viele Grenzen der damaligen Vorstellungen von Nächstenliebe, sondern auch manche unserer Grenzen. Schauen wir uns das mal an!

Ice-Breaker-Frage

Mit welcher Figur in dieser Geschichte kannst du dich am besten identifizieren?

Fragen zur Diskussion

1. Wie würde ich den Begriff »Nächste« oder »Nächster« definieren?
2. Wer oder was ist mir in der letzten Woche so richtig zu Herzen gegangen?
3. Wem gebe ich in meinem Alltag den Status einer oder eines »Nächsten«?
4. Und: Wer könnte oder sollte mir darüber hinaus zum »Nächsten« werden?
5. Wo nehme ich konkret Verantwortung für meine »Nächsten« wahr?

6. Erinnere ich mich an eine Situation, in der mir ein »Nächster« wichtiger war als ich selbst?
7. Erlebe ich meine Kirche als eine, die an den Notleidenden vorübergeht?

Call-to-Action

Lass dich in der kommenden Woche von jemandem emotional so berühren, dass du etwas ganz Praktisches für sie oder ihn tust.

Leit-Vers

»Einer trage des anderen Last. So erfüllt ihr das Gebot Jesu.«
Galaterbrief 6,2

7. Das Gleichnis vom Sämann

Begrüßung

Menschen gehen mit der Möglichkeit, ihre Persönlichkeit weiterzuentwickeln, sehr unterschiedlich um. *»Das Gleichnis vom Sämann«* stellt einige solcher Alternativen vor und lädt zugleich ein, unseren eigenen Charakter besser kennenzulernen. Denn es kann ja nicht schaden, herauszufinden, wie wir mit unserer Existenz möglichst viel »Frucht« bringen können.

Ice-Breaker-Frage

Nenne drei Eigenschaften, die deine Persönlichkeit am besten beschreiben!

Fragen zur Diskussion

1. Habe ich schon mal einen Persönlichkeitstest gemacht? Und was kam dabei raus?
2. In welcher der vorgestellten Persönlichkeiten finde ich mich am ehesten wieder?
3. An wen wende ich mich, wenn ich existentielle Fragen klären muss?
4. Hab ich schon mal eine Chance meines Lebens verpasst?
5. Wurde ich schon mal von einer Störung aus der Bahn geworfen?

6. Hatte ich schon mal das Gefühl: *»Ich lebe nicht, sondern werde gelebt«*?
7. Gibt es in meiner Glaubens- und Lebensentwicklung markante Stationen, die ich beschreiben kann?

Call-to-Action

Schreibe dir zehn Tage lang jeden Abend drei Dinge auf, von denen du sagen würdest: *»Da habe ich heute – im übertragenen Sinn – etwas Fruchtbares gemacht.«*

Leit-Vers

»Wer im Segen sät, der wird auch im Segen ernten.«
2. Korintherbrief 9,6

8. Das Gleichnis vom Senfkorn

Begrüßung

»Das Himmelreich ist mitten unter euch!« Schöne Formulierung. Aber was genau heißt das eigentlich? Und wann ist dieses Himmelreich endlich vollendet? Um diese Themen geht es im bekannten *»Gleichnis vom Senfkorn«* – das uns vor Augen führt, dass Glaubende die Welt womöglich mit anderen Augen sehen. Wird spannend.

Ice-Breaker-Frage

Der »Himmel auf Erden« sieht für mich folgendermaßen aus: …

Fragen zur Diskussion

1. Woran erkennt man wohl, dass das Himmelreich angebrochen ist?
2. Was war die letzte Erfahrung, über die ich so richtig gestaunt habe?
3. Sehe ich bei neuen Entwicklungen eher die Möglichkeiten oder die Risiken?
4. Was kann ich tun, um den Himmel auf Erden zu fördern, was ist Gottes Job dabei?
5. Was bedeutet es heute konkret, »Salz der Erde« zu sein?
6. Stimmt der Satz: *»Wer die Welt anders wahrnimmt, lebt in einer anderen Welt«*?

7. Mit welchem modernen Symbol könnten wir das Himmelreich vergleichen?

Call-to-Action

Nimm dieses Senfkorn, pflanze es ein … und beobachte, wie schnell daraus eine große Pflanze wird.

Leit-Vers

»Gott kann viel mehr tun, als wir uns vorstellen können.«
Epheserbrief 3,20

9. Das Gleichnis von den Arbeitern im Weinberg

Begrüßung

Viele wünschen sich eine gerechtere Gesellschaft. Aber wie sollte die genau aussehen? Jesus stellt im *»Gleichnis von den Arbeitern im Weinberg«* ein Modell von Gerechtigkeit vor, das viele unserer Vorstellungen über den Haufen wirft. Ob wir es dennoch für zukunftsweisend halten: Darum geht es in unserem heutigen Treffen.

Ice-Breaker-Frage

Was müsste passieren, damit ich sagen kann: Ich habe im Leben das bekommen, was ich verdiene?

Fragen zur Diskussion

1. Wann habe ich das letzte Mal gedacht: *»Also, das ist total ungerecht!«*?
2. Was glaube ich, für wen Jesus dieses Gleichnis erzählt?
3. Wann beurteile ich Menschen hin und wieder doch nach ihren Leistungen?
4. Ist es gerecht, wenn jede und jeder das bekommt, was sie oder er braucht?
5. Habe ich schon mal das Gefühl gehabt: *»Ich habe was Besseres verdient?«*
6. Wie sähe für mich eine gerechte Welt aus?

7. Kann ich damit leben, dass andere möglicherweise für weniger Einsatz die gleiche Anerkennung bekommen?

Call-to-Action

Erkläre einem Menschen, der bei eurem Gespräch nicht dabei war, die Idee der Gerechtigkeit Gottes.

Leit-Vers

»Selig sind, die nach Gerechtigkeit hungern und dürsten; denn sie sollen satt werden.«
Matthäusevangelium 5,6

10. Das Gleichnis von den klugen und den törichten Jungfrauen

Begrüßung

Wenn mir das Leben plötzlich neue Chancen präsentiert: Bin ich dann bereit oder nicht? Um dieses Thema dreht sich das *»Gleichnis von den klugen und den törichten Jungfrauen«*, das lange Zeit als Bild für die Wiederkunft Jesu verstanden wurde, aber auch ganz alltagsnahe Impulse für unsere Wirklichkeit liefert.

Ice-Breaker-Frage

Falls ich morgen einen völlig anderen Beruf ergreifen sollte, welcher wäre das?

Fragen zur Diskussion

1. Hat die Vorstellung, dass Jesus eines Tages wiederkehrt, für mich irgendeine Bedeutung?
2. Was bedeutet es wohl konkret, auf die Ankunft des Bräutigams vorbereitet zu sein?
3. Habe ich ein Zukunftsbild, das schon jetzt meine Gegenwart beeinflusst?
4. Wenn man mich fragen würde: »Wofür brennst du?« – was würde ich antworten?

5. Was würde mir helfen, mit meiner Zeit bewusster umzugehen?
6. Welche vielversprechenden Wege in meinem Leben habe ich genutzt und welche nicht?
7. Wie würde ich heute eine kluge und eine törichte Brautjungfer definieren?

Call-to-Action

Überlege dir im Lauf der Woche: Wenn Jesus plötzlich in deiner Tür stünde und dich bitten würde, mit ihm zu gehen. Was würde dich begeistern und was würde dich zögern lassen?

Leit-Vers

»Achtet sorgfältig darauf, wie ihr euer Leben führt – nämlich als Weise … und nutzt die Zeit.«
Epheserbrief 5,15f.

11. Das Gleichnis vom großen Gastmahl

Begrüßung

»Das Gleichnis vom großen Gastmahl« wurde lange so verstanden, dass es darin um die Einladung Gottes in den Himmel geht – heute nimmt man auch die gesellschaftliche Komponente viel deutlicher wahr: Ein reicher Mann macht eine Kehrtwende und lädt Bedürftige ein. Beide Aspekte zeigen auf, wie wir heute leben können.

Ice-Breaker-Frage

Was war das schlimmste und was war das schönste Erlebnis, das ich je auf einer Party hatte?

Fragen zur Diskussion

1. Was denke ich, wenn ich dieses Gleichnis höre und mir vorstelle, ich wäre der Gastgeber?
2. Warum halte ich es für sinnvoll (oder auch nicht für sinnvoll), die Gebote einzuhalten?
3. Wann habe ich das letzte Mal eine echte Kehrtwende in meinem Denken erlebt?
4. Wie verstehe ich den Satz »Selig sind die geistlich Armen«?
5. Habe ich schon mal etwas Bedeutendes verpasst, weil ich dachte, ich hätte Besseres zu tun?
6. Habe ich in meinem Bekanntenkreis sehr unterschiedliche Menschentypen?

7. Was hieße für mich: Ich nehme die Einladung Gottes an?

Call-to-Action

Lade in naher Zukunft mal einen Menschen zum Essen ein, der überhaupt nicht zu deinem üblichen Bekanntenkreis gehört.

Leit-Vers

»Sucht die Nähe Gottes, dann wird er euch nah sein.«
Jakobusbrief 4,8

12. Das Gleichnis vom Haus auf Felsen und Sand

Begrüßung

Im Volksmund gibt es die leider sehr reale Redewendung: *»Unter jedem Dach ein Ach.«* Jeder Mensch erlebt irgendwann, dass die Stürme des Lebens über ihn hereinbrechen. Nur: Werfen uns diese Stürme um oder bleiben wir aufrecht stehen? Um dieses Thema geht es im *»Gleichnis vom Haus auf Felsen und Sand«*. Letztlich um die Frage: Was ist mein Lebensfundament? Das wird inspirierend.

Ice-Breaker-Frage

Wann habe ich das letzte Mal etwas zum ersten Mal gemacht?

Fragen zur Diskussion

1. Was war der grauenhafteste Sturm meines Daseins?
2. Hat jemand, der glaubt, eine bessere Existenz?
3. Wie würde ich ein gutes *»Fundament des Lebens«* beschreiben?
4. Würde ich diesen Satz unterschreiben: *»Ich kann nicht tiefer fallen als in Gottes Hand«*?
5. Kann ich grundsätzlich *»Ja«* zu meinem Leben sagen?
6. Kann ich mir vorstellen, dass Gott uns nicht nach unserem Bekenntnis, sondern allein nach unserem Handeln beurteilt?
7. Wann habe ich das letzte Mal jemandem etwas Gutes getan?

Call-to-Action

Lebe mal eine Woche nach der berühmten Pfadfinderregel: *»Jeden Tag eine gute Tat!«*

Leit-Vers

»Auch wenn die Erde bebt und die Menschen in Aufruhr geraten, bin ich es, der ihrem Fundament Halt gibt.«
Psalm 102,26

Über die Illustratorin und den Autor

Fabian Vogt ist Schriftsteller, Theologe und Künstler – und erzählt am liebsten Gleichnisse, alte, neue und ganz aktuelle … Geschichten, in denen etwas vom Glanz des Lebens erfahrbar wird. Das macht er in unterschiedlichen Funktionen: mit halber Stelle als Referent für »Evangelisation« bei »midi * der Zukunftswerkstatt für Kirche und Diakonie« in Berlin (www.mi-di.de) … als Radiojournalist bei hr3 (»Moment Mal«) und im Deutschlandfunk … als Musikkabarettist (www.Duo Camillo.de), Sänger und Regisseur auf der Bühne … als Pfarrer auf der Kanzel und besonders gerne als Autor.

In seinen Romanen und heiteren Sachbüchern spürt der promovierte Frankfurter dabei besonders gerne den Spielarten des Glaubens nach. Für seinen Debut-Roman »Zurück« wurde er dafür mit dem »Deutschen Science Fiction Preis« ausgezeichnet. Zudem hat er mehrere Kleinkunstpreise erhalten. Fabian Vogt ist Vater zweier erwachsener Kinder und lebt in Berlin.

www.fabianvogt.de

Joy Katzmarzik arbeitet seit 2011 als selbstständige Illustratorin. Sie illustriert Bücher für Kinder und Menschen, die sich noch wie Kinder freuen können, ist aber auch im Bereich Live-Visualisierungen und graphic recording unterwegs … und sie liebt es, wenn Bilder Geschichten erzählen. Neben der Illustration ist sie Lehrerin für Englisch und Geschichte und unterrichtet an einem Berufskolleg für Gehörlose und Schwerhörige. Mehr Informationen unter:

www.leap4joy.de

Weitere Veröffentlichungen

Gebete für Himmelsstürmer. Leipzig 2023

MännerÜberraschung. Holzgerlingen 2023.

Stories of Faith. Die Basics des Christentums in 153 chilligen Posts. Leipzig 2023.

Jesus für Eilige. Seine wichtigsten Ideen kurz & knackig. Leipzig 2022.

Drei Leben. Roman. Leipzig 2020.

100 Dinge, die du NACH dem Tod auf keinen Fall verpassen solltest. Der kleine Reiseführer durch das Jenseits. München 2023.